Herbert W. Fischer

Wir schaffen das NICHT!

Die fatalen Folgen der falschen Migrations- und Maulkorbpolitik

Herbert W. Fischer

Wir schaffen das NICHT!

Die fatalen Folgen der falschen Migrations- und Maulkorbpolitik

DCV

1. Auflage 2023

Hinweis zu gendergerechter Sprache

In diesem Werk ist wie in allen Büchern des Verlages mit dem generischen Maskulinum wie zum Beispiel „Politiker" oder „Bürger" immer die sexusindifferente Bezeichnung gemeint, also alle (!) Geschlechter. Alle Abweichungen von dieser Regel werden sprachlich eindeutig gekennzeichnet, etwa durch Worte wie „männlich" oder „weiblich".

Auf Genderzeichen oder die Bezeichnung „(m/w/d)" wird aus Gründen der besseren Lesbarkeit völlig verzichtet.

Bibliografische Informationen der Deutschen Nationalbibliothek

Die Deutsche Nationalbibliothek verzeichnet diese Publikation in der Deutschen Nationalbibliografie; detaillierte bibliografische Daten sind im Internet über http://dnb.d-nb.de abrufbar.

Printed in the Federal Republic of Germany.

Gestaltung, Cover, Satz: DCV

Druck und Auslieferung: BoD

Gedruckt auf säurefreiem Papier.

Print ISBN: 978-3-98674-101-3

E-Book ISBN: 978-3-98674-102-0

„Wer die Wahrheit sagt, braucht ein schnelles Pferd.“[1]

Altes Sprichwort

„Wenn die einen genießen wollen, ohne zu arbeiten, so werden andere arbeiten müssen, ohne zu genießen.“[2]

Immanuel Kant

„Wer halb Kalkutta aufnimmt, hilft nicht Kalkutta, sondern wird selbst zu Kalkutta.“[3]

Peter Scholl-Latour

„Man kann entweder freie Einwanderung oder einen Sozialstaat haben. Beides zusammen geht nicht.“[4]

Milton Friedman

„Wir schaffen das!“[5]

Angela Merkel

„Deutschland erlebt die höchste Zuwanderung seit 70 Jahren.“[6]

Die Zeit

Widmung

Dieses Buch ist allen anständigen und fleißigen Migranten jedweden Geschlechts gewidmet, die sich in Deutschland eingliedern, unsere Gesetze und Regeln achten, ihren Lebensweg in unserem Land im Einklang mit den hiesigen Wertvorstellungen gehen, ihren Beitrag zum Wohlstand Deutschlands leisten und eine kulturelle, wirtschaftliche und gesellschaftliche Bereicherung darstellen. Diese Migranten stellen eine wesentliche Stütze unseres Landes dar.

Sie sind genauso wie alle anständigen Deutschen von den anderen Migranten betroffen, die unseren Rechtsstaat missachten, unsere Gesellschaft verhöhnen, auf unsere Kosten leben, unsere Toleranz missbrauchen und sich nicht einzugliedern bereit sind, sondern ganz im Gegenteil Deutschland ihren Regeln zu unterwerfen suchen, häufig verbunden mit Gewalt, Kriminalität und Terror.

Diese Unterscheidung ist von existenzieller Bedeutung für die weitere Entwicklung Deutschlands, die Erhaltung des Wohlstands, den unsere Mütter und Väter erarbeitet haben, und die Zukunft, die wir unseren Kindern und Kindeskindern geben wollen.

Inhalt

Präambel

Die hiermit vorgelegte Streitschrift stellt eine veritable, faktenbasierte, wohlüberlegte Meinungsäußerung zur Diskussion dar – nicht mehr, aber auch nicht weniger.

Bei allem Streit in der Sache ist keine der nachfolgend getroffenen Äußerungen diskriminierend oder herabsetzend gemeint. Die Grundüberzeugung der Menschenrechte – alle Menschen haben die gleichen Rechte und sind gleich wertvoll – teilen Autor und Verlag vorbehaltlos, weiter noch, sie erachten dies als eine Selbstverständlichkeit. Alle im vorliegenden Werk hervorgebrachten Gedanken basieren auf diesem Grundverständnis. Dazu gehört auch das Gleichheitsprinzip, also der Grundsatz, alle Menschen gleich zu behandeln, sofern eine Ungleichbehandlung nicht durch einen sachlichen Grund gerechtfertigt ist.

Dennoch scheint absehbar, dass diese Präambel bei der Kritik des vorliegenden Werkes möglicherweise nicht in jeden Fall Berücksichtigung findet. Denn für ideologisch geprägte Kritik bieten die nachfolgend geäußerten Meinungen mannigfaltige Ansatzpunkte. Es bleibt zu hoffen, dass die kritische Auseinandersetzung mit dem vorliegenden Werk bei aller Streitfreudigkeit friedlich und zivilisiert verläuft.

Vorwort

Ich höre die Einsprüche schon aus allen Ecken, bevor ich überhaupt anfange, dieses Buch zu schreiben. So etwas darf man gar nicht sagen, geschweige denn schreiben, das ist politisch nicht korrekt, ein einseitiger Blickwinkel, voller Stereotype, unzulässige Verallgemeinerungen, rückwärtsgewandt, ewiggestrig, diskriminierend, rechtsradikal... weitere noch weniger schmeichelhafte Ausschmückungen, sprich Beleidigungen erspare ich mir und der Leserschaft.

Doch ich sehe mich eher in einer Reihe mit Nena Brockhaus, Henryk M. Broder, Jan Fleischhauer oder Ulf Poschardt – ohne mich mit diesen vergleichen oder gar auf eine Stufe stellen zu wollen , Menschen, die sich auszusprechen trauen, was gesagt werden muss. Wir leben in einem freiheitlich-demokratischen Rechtsstaat, den es in jedem einzelnen Sinne dieses Begriffs zu schützen gilt. Dazu gehören insbesondere die Redefreiheit (ohne Herabsetzungen oder gar Beleidigungen), ohne einer wie auch immer gearteten unlauteren Gesinnung beschuldigt zu werden, die Macht der Mehrheiten (bei gleichzeitigem Schutz von Minderheiten) und die Achtung der richterlichen Weisheit, unabhängig davon, ob einem diese im Einzelfall passt oder nicht. Dieser Rechtsstaat ist die Bundesrepublik Deutschland. Es sind nicht unsere europäischen Nachbarländer, es ist nicht die Europäische Union, es sind keine fernen Staaten, es ist nicht die ganze Welt.

Amtseid oder Meineid?

Jedes deutsche Regierungsmitglied spricht die Eidesformel: „Ich schwöre, dass ich meine Kraft dem Wohle des deutschen Volkes widmen, seinen Nutzen mehren, Schaden von ihm wenden, das Grundgesetz und die Gesetze des Bundes wahren und verteidigen, meine Pflichten gewissenhaft erfüllen und Gerechtigkeit gegen jedermann üben werde."

Angesichts der Politik der letzten Jahre und Jahrzehnte, die Deutschland und die deutsche Bevölkerung eher in eine Abseitsrolle gedrängt statt in den Mittelpunkt gestellt hat, möchte man den Damen und Herren in vielen Fällen zurufen: „Haltet Euch gefälligst an den Amtseid". Immerhin heißt es im Strafgesetzbuch: „Wer vor Gericht oder vor einer anderen zur Abnahme von Eiden zuständigen Stelle falsch schwört, wird mit Freiheitsstrafe nicht unter einem Jahr bestraft." Die Regierung steht indes nicht vor Gericht und Verstöße gegen den Amtseid sind juristisch nicht verfolgbar, weil eine entsprechende Sanktion gesetzlich bzw. verfassungsrechtlich nicht geregelt ist. Aber bei vielen politischen Entscheidungen, auf die im vorliegenden Buch eingegangen wird, fühlt man sich eher an einen Meineid als an einen Amtseid erinnert, weil das „Wohle des deutschen Volkes" hintenansteht, statt die höchste Priorität zu genießen.

Es versteht sich, dass es in unserer globalisierten Welt nicht darum gehen kann, Deutschland isoliert zu betrachten. Praktisch alles in unserem Leben wird im einen oder anderen Sinne von Internationalisierung bestimmt. Doch das bedeutet nicht, dass wir nicht deutsche Interessen in diesem internationalen Umfeld vertreten können, sollten und – wenn man dem Amtseid folgt – müssen. Diese Umkehrlage der Interessen hängt entscheidend mit einer von Ideologie getriebenen statt sachlich orientierten Politik mehr oder minder quer durch alle Parteien zusammen – Dogma statt rationalem Denken.

Freiheit, das Offensichtliche auszusprechen

Es war eine der großen Errungenschaften der um das Jahr 1700 einsetzenden Aufklärung, durch rationales Denken alle den Fortschritt behindernden Strukturen zu überwinden. Um es mit dem Philosophen Immanuel Kant, einem der wichtigsten Denker der Aufklärung, zu sagen: „Aufklärung ist der Ausgang des Menschen aus seiner selbstverschuldeten Unmündigkeit."[7] Dazu gehört unabdingbar die Meinungsfreiheit und – genauer gesagt, die Meinungsäußerungsfreiheit, also das gewährleistete, subjektive Recht auf freie Rede sowie freie Äußerung und Verbreitung einer Meinung in Wort, Schrift und Bild sowie allen weiteren verfügbaren Übertragungsmitteln.

Natürlich gibt es Einschränkungen hinsichtlich Beleidigungen, Hassreden, Volksverhetzung oder ähnlich negativen Äußerungen – völlig zu Recht! Aber diese Einschränkungen dürfen nicht dazu führen, das Offensichtliche nicht aussprechen zu dürfen, wie es eine übermäßige Political Correctness durchweg fordert.

Ist es rassistisch, die Hautfarbe eines Menschen zu benennen, also das für jeden, der nicht farbenblind ist, Offensichtliche auszusprechen? Wozu führt das? Wenn ich es nicht sagen soll, darf ich es dann auch nicht denken? Muss ich mein eigenes Denken zensieren? Oder darf ich das, was ich denke, nur nicht aussprechen? Aber wollen wir wirklich in einer Gesellschaft leben, in der man nicht sagen darf, was man denkt? Ich denke nicht!

Es geht um die Fundamente unserer Kultur, unserer Sprache und unserer Geschichte. Natürlich wandelt sich Sprache im

Laufe der Zeit, aber nur in Unrechtsregimen breitet sich eine Sprachdiktatur aus, die Anderssprechende und damit unterstellt auch Andersdenkende abstraft. Zu einem Rechtsstaat wie der Bundesrepublik Deutschland passt ein oktroyiertes „Neusprech“ sicherlich nicht.

Das Volk sind wir

„Alle Staatsgewalt geht vom Volke aus“ heißt es im Grundgesetz der Bundesrepublik Deutschland. Wer es mit dem Grundgesetz ernst nimmt, hat also demokratische Mehrheiten zu akzeptieren und sofern er politische Verantwortung trägt, im Sinne dieser Mehrheiten zu entscheiden und zu handeln.

Um nicht missverstanden zu werden: Das – wie es das Grundgesetz bezeichnet – „Volk“ der Bundesrepublik Deutschland besteht aus allen Menschen, die die deutsche Staatsangehörigkeit besitzen. Genau deswegen ist dies ein hohes Gut, das nur wohlüberlegt vergeben und nicht etwa verschleudert werden darf. Es ist völlig gleichgültig, wo auf der Welt ein Mensch geboren wurde oder aus welchem Land seine Eltern stammen, wenn er die deutsche Staatsangehörigkeit besitzt. Das ist gut und richtig. Aber umso wichtiger ist es, zwischen Menschen zu differenzieren, auf die das zutrifft, und den anderen, die dieses Kriterium nicht erfüllen.

Viele Zuwanderer aus vielen Ländern tragen seit Jahren zum Wohlstand in Deutschland bei, sie stellen eine Bereicherung dar. Viele haben längst die deutsche Staatsbürgerschaft angeboten bekommen und angenommen. Zu dieser Feststellung gehört aber auch die nüchterne Erkenntnis: Es gibt auch die anderen, die illegal Eingereisten, die Trittbrettfahrer, die Arbeitsscheuen, die Sozialbetrüger, die Kriminellen, die auf den Straßen herumlungern oder im Untergrund ihren gesetzeswidrigen Machenschaften nachgehen, die nichts oder jedenfalls nichts Positives zu unserer Gesellschaft beitragen.

Debatten über Zuwanderung stärken die Demokratie

Wieviel Zuwanderung wollen wir, brauchen wir, lassen wir zu – das ist eine veritable politische Diskussion. Genauer gesagt, es *wäre* eine fortwährende gesellschaftliche Debatte wert. Doch tatsächlich wird derjenige, der diese Frage auch nur stellt, in die gesellschaftliche Pfui-Ecke gestellt.

Das ist fatal, denn die Veränderung unserer Gesellschaft, ohne dass wir darüber reden sollen, widerspricht unserem Verständnis von Debattenkultur – und die ist für eine funktionierende Demokratie unerlässlich. Wenn der Eindruck entsteht, dass man nicht mehr aussprechen sollte, was man denkt – und genau dieser Eindruck hat sich in Teilen der deutschen Bevölkerung verfestigt –, dann ist das brandgefährlich für die Demokratie. Denn an der Wahlurne dürfen die Menschen wählen, was ihnen lieb ist – geheim, ohne Zensur, ohne Widerspruch, ohne Scham. Und wenn ihnen das Angebot der demokratischen Parteien in der politischen Mitte nicht gefällt, dann wählen sie eben eine Partei am politischen Rand.

Da nützt es nichts, wenn sich die Vertreter der politischen Mitte zu Moralaposteln erheben und zu erklären versuchen, wie verwerflich es ist, eine Pfui-Partei zu wählen. Man kann dem Wahlvolk nicht verwehren, diejenige Partei zu wählen, bei dem es seine Interessen am besten vertreten glaubt – ohne die Demokratie aufzugeben. Wiederum gilt: Man muss diese Zusammenhänge nicht mögen, man mag sie hassen, weil sich historische Parallelen, die Deutschland schon einmal in eine dunkle Zeit seiner Geschichte geführt haben, geradezu aufdrängen – aber diese Zusammenhänge zu leugnen, macht es nicht besser.

Hören wir auf Willy Brandt

Um es mit Willy Brandt zu sagen (in seiner Regierungserklärung vom 18. Januar 1973): *„In unserer Mitte arbeiten fast zweieinhalb Millionen Menschen aus anderen Nationen; mit ihren Angehörigen bilden sie eine starke Minderheit in unserem Land. Wir wissen, dass es allzu oft die Not ist, die sie zu uns führt. Wir wissen aber auch, wie sehr sie mit ihrem Fleiß zu unser aller Wohlstand beitragen, und das sollten wir anerkennen. Es ist aber, meine Damen und Herren, notwendig geworden, dass wir sehr sorgsam überlegen, wo die Aufnahmefähigkeit unserer Gesellschaft erschöpft ist und wo soziale Vernunft und Verantwortung Halt gebieten. Wir dürfen das Problem nicht dem Gesetz des augenblicklichen Vorteils allein überlassen. Also wird es auch gelten, diese Dinge im Zusammenhang darzustellen und Lösungsvorschläge daraus abzuleiten.“*

An diesen Lösungsvorschlägen arbeitet sich seit der Ära von Willi Brandt eine Regierung nach der anderen ab. Wer heute in einer beliebigen deutschen Groß- oder Kleinstadt durch die Fußgängerzone schlendert, dem wird im wahrste Sinne des Wortes vor Augen geführt, dass bis heute keine „Lösung“ gefunden wurde. Wer den Menschen in Deutschland verübelt, wenn es ihnen nach so langer Zeit schwerfällt, noch an eine Lösung aus der politischen Mitte heraus zu glauben, der verkennt die politischen und die gesellschaftlichen Realitäten. Doch es ist zwingend notwendig, dass die rationale Überlegung, um noch einmal Willy Brandt zu bemühen, *„wo die Aufnahmefähigkeit unserer Gesellschaft erschöpft ist“*, aus der demokratischen Mitte heraus ausgesprochen und zum Maßstab politischen Handelns erhoben wird. Wenn sich die Parteien der demokratischen Mitte davor drücken, die Sachlage deutlich auszusprechen oder gar mit erhobenem Zeigefinger einen moralischen Druck auf die deutsche Bevölkerung auszuüben versuchen, dieses Thema erst gar nicht zu diskutieren, dann führt das beinahe zwangsläufig zu einem Erstarken der politischen Ränder. Das ist pure Spekulation? Keineswegs, wie die Veränderungen bei der Zustimmung zu altgedienten und neu entstandenen Parteien über die Jahre hinweg deutlich gezeigt haben.

Der Krieg in Syrien, der Rückzug aus Afghanistan, der Einmarsch Russlands in die Ukraine, der neu entflammte Krieg im Nahen Osten und natürlich die elendigen Lebensverhältnisse in weiten Teilen Afrikas – es gibt zahlreiche und immer wieder neue Gründe, sich nach Europa und insbesondere nach Deutschland aufzumachen. Die brenzlige Lage um den Kosovo und Serbien beim Erscheinen dieses Buches kurz vor Beginn des Jahres 2024 könnte neue Fluchtbewegungen nach Mitteleuropa nach sich ziehen. Die Migration nach Deutschland wird kein Ende nehmen, wenn wir nur darauf hoffen, dass die Krisen und Kriege auf der Erde verschwinden, sondern wir müssen aktiv dagegen einschreiten.

„Urplötzliche" Entwicklung über Jahre hinweg

2023 war das Erschrecken groß, als „urplötzlich" die Alternative zu den etablierten Parteien eine schwindelerregende Höhe an Zustimmung gewann, weit oberhalb manch einer der traditionellen Parteien. Viele hätten das niemals für möglich gehalten, in Deutschland schon gar nicht. Aber die Ehrlichkeit gebietet es, zuzugeben, dass es keineswegs „urplötzlich" war. Vielmehr hat sich dieses Drama über Jahre hinweg angebahnt, wie in diesem Buch nachgezeichnet wird.

Weite Teile der etablierten Parteien der demokratischen Mitte haben unser Land verschleudert, und uns zugleich ermahnt, nicht darüber zu reden – nicht einmal, sondern jahrelang immer und immer wieder. Wer das Prinzip von Ursache und Wirkung auch nur annähernd verstanden hat, dem musste 2023 längst klar sein, dass diese fatale Politik Folgen haben würde für unsere Demokratie – und zwar keine guten. Gesellschaftliche Diskussionen über Sorgen und Nöte der Bevölkerung, um daraus vernünftiges politisches Handeln abzuleiten und durchzusetzen, stärkt die Demokratie. Das Gegenteil schwächt sie.

Damit sind wir beim Thema der Kipppunkte. Seit Jahren setzen sich weite Teile des politischen Deutschlands dafür ein, das Weltklima zu retten. Tenor: Wir müssen so rasch und so radikal wie möglich handeln, damit der Klimawandel keinen Kipppunkt erreicht, keinen Punkt der Unumkehrbarkeit. Es würde den Rahmen des vorliegenden Buches sprengen, dies weiter zu vertiefen. Doch es ist dringend angeraten, sich auch vor möglichen politischen Kipppunkten fernzuhalten.

Wer beim Geschichtsunterricht in der Schule nicht geschlafen hat, weiß, woran die erste deutsche Demokratie, die Weimarer Republik untergangen ist: an der Schwäche der demokratischen Mitte. Wer aufgepasst hat, kann diesen damaligen Kipppunkt sogar an einem Datum festmachen: den 30. Januar 1933. Geschichte wiederholt sich, wird gesagt – aber diese hoffentlich nicht!

Appell an die demokratische Mitte

In diesem Sinne stellt das vorliegende Buch einen Hilferuf und einen dringenden Appell an die etablierten Parteien der demokratischen Mitte dar, nach den von Willy Brandt aufgeworfenen

Überlegungen zu handeln, um uns vor den Alternativen dazu zu bewahren. Ich rufe den politischen Verantwortungsträgern von SPD, CDU/CSU, FDP und meinetwegen auch den Grünen zu:

„Meine Damen und Herren, handeln Sie, solange Sie das Zepter des Handels noch in den Händen halten. Werden Sie Ihrem Amtseid gerecht, der nicht lautet, die ganze Welt zu retten, sondern Deutschland vor Schlimmem zu bewahren. Handeln bedeutet aber nicht, uns – das Wahlvolk – mit moralischen Belehrungen, was wir zu denken oder zu sagen haben, zu überhäufen. Sondern Sie müssen schon in der Sache handeln, damit die Sorgen und Nöte, die viele von uns bedrücken, adressiert und Lösungen dafür gefunden werden, die uns – dem Wahlvolk – gerecht werden. Wir wollen Sie, die demokratische Mitte, wählen! Bitte geben Sie uns gute Gründe dafür, dies zu tun!“

Herbert W. Fischer

Die Welt in Bewegung

Flüchtlinge sind kein Thema, das allein Deutschland oder Europa betrifft. Das UNO-Flüchtlingshilfswerk UNHCR zählte 2022 mehr als 108 Millionen Flüchtlinge weltweit, soviel wie nie zuvor. Von den Betroffenen haben 62,5 Millionen Menschen innerhalb ihres Heimatlandes Schutz gesucht. 35,3 Millionen Menschen haben dagegen ihr Land verlassen. Die Flüchtlinge kamen 2022 vor allem aus drei Ländern: Syrien (6,5 Millionen Menschen), der Ukraine und Afghanistan. Auf Platz eins der wichtigsten Aufnahmeländer lag 2022 die Türkei mit 3,6 Millionen, gefolgt von Iran (3,4 Millionen), Kolumbien (2,5 Millionen), Deutschland (2,1 Millionen) und Pakistan (1,7 Millionen).[8]

Es werden immer mehr

Werfen wir einen Blick auf Europa: 2022 ersuchten rund 966.000 Menschen Asyl in der EU, der höchste Wert seit 2016. Allein im ersten Halbjahr 2023 kletterte die Zahl der Asylanträge in der EU auf 519.000, ein Anstieg von 28 Prozent im Vergleich zum Vorjahreszeitraum; insgesamt werden es 2023 weit mehr als eine Million Asylanträge sein. Darüber hinaus zählte Europa 2023 nach Angaben der EU-Asylagentur rund vier Millionen Kriegsflüchtlinge aus der Ukraine. Die meisten von ihnen kamen 2022. Sie müssen wegen einer Sonderregel kein Asyl beantragen – in allen Statistiken über Asylbewerber sind die Ukrainer also gar nicht enthalten.[9]

Die Ukraine ist eine Ausnahmesituation, da mussten wir helfen, mag man argumentieren. Doch tatsächlich sind „Ausnahmesituationen“ offenbar längst zur Regel geworden. Weltweit befinden sich immer mehr Menschen auf der Flucht – viele davon verlassen ihre Länder. Werfen wir einen Blick auf die Entwicklung der letzten zehn Jahre.

Das UNO-Flüchtlingshilfswerk UNHCR zählte im Jahr 2013 51,2 Millionen Flüchtlinge weltweit, über 60 Millionen in 2014, 65,3 Millionen in 2015, 65,6 Millionen in 2016, 68,5 Millionen in 2017, 70,8 Millionen in 2018, 79,5 Millionen Ende 2019, über 80 Millionen Anfang 2021 und 110 Millionen Menschen 2023.[10] Das sind mehr Menschen als je zuvor seit dem Zweiten Weltkrieg.[11] Die meisten ausländischen Flüchtlinge nahmen bislang auf (in dieser Reihenfolge): die Türkei, Deutschland, die USA, Pakistan, Uganda, Russland, Polen, der Sudan, Äthiopien, Libanon, Iran, Jordanien, Frankreich, Tschad, Kenia, Peru, die Demokratische Republik Kongo, Kamerun, Spanien, Tschechien, Ägypten, Großbritannien, Italien, Südsudan, Niger, Schweden, Österreich, Brasilien, Mexiko, Indien, Südafrika, Tansania, die Niederlande, Costa Rica, Malaysia, Griechenland, Bulgarien, Belgien, Australien, Kanada, Ruanda, die Schweiz, Mauretanien, Algerien, Jemen, Thailand, Rumänien, Moldau, Burundi, Slowakei, Nigeria, Sambia, Ecuador, Norwegen, Dänemark, Zypern, Irland, Afghanistan, Finnland, Angola, Malawi, Republik Kongo, Mali, Portugal, Litauen, Libyen, Dschibuti, Lettland, Armenien, Burkina Faso, Somalia, Ungarn, Estland...[12] die Liste ließe sich noch lange fortsetzen.

Deutschland spielt ganz vorne mit

Auffallend ist: Deutschland spielt ganz weit vorne mit, auf dem zweiten Platz weltweit – und den ersten Platz hat die Bundesrepublik wohl nur an die Türkei abgegeben, weil die Türkei durch Zuschüsse in Milliardenhöhe von der EU die Aufnahme von

Flüchtlingen im wortwörtlichen Sinne bezahlt bekommt. Direkt nach Deutschland folgen die Vereinigten Staaten von Amerika – mit einer Landfläche, die über 27-mal größer ist als die Bundesrepublik.

Bei allen diesen Statistiken ist zu erwähnen, dass die UNHCR alle Menschen zählt, die nach den Kriterien der Genfer Flüchtlingskonvention von 1951 als Flüchtlinge gelten sowie Binnenflüchtlinge, Kriegsflüchtlinge, durch Umweltkatastrophen zur Flucht gezwungene und staatenlose Menschen. Man geht davon aus, dass die Dunkelziffer von Menschen, die ihre Heimat verlassen, um in der Ferne ein besseres Leben zu finden, noch viel höher liegt, weil viele Länder keine oder keine zuverlässigen Angaben dazu vorlegen.

Das Wort „Krise" ist unerwünscht

Die deutsche Öffentlichkeit kümmert in der Regel weder die weltweiten Zahlen noch die Begriffe. So wurde und wird in Deutschland recht wahllos von Flüchtlingen, Migranten und Asylanten geredet, ohne dabei eine nachvollziehbare Unterscheidung zu treffen. Die daraus abgeleiteten Begriffe wie „Flüchtlingskrise", „Asylantenschwemme" oder „Massenzuwanderung" suggerieren allesamt ein- und dieselbe Situation: Es kommen zu viele Fremde, wir werden überrannt, es herrscht eine Krise, wir müssen etwas dagegen unternehmen.

Die Krise wird somit der Personengruppe zugeschrieben, nicht etwa dem Umgang mit ihr. Anders ausgedrückt: Die Flüchtlinge, die Menschen in Not, die sich gezwungen sehen, ihre Heimat zu verlassen, stellen die Krise dar.

Ab 2016 fingen erste Organisationen an, sich gegen den 2015 überall gebrauchten Begriff der „Flüchtlingskrise“ zu wehren: So änderte die International Federation of Social Workers (IFSW) den Ausdruck *Refugee Crisis* im Titel ihrer Konferenz vom März 2016 in Wien zu *the Political Crisis Forcing People into Displacement and Refugee Status*, also in etwa „die politische Krise, die Menschen in die Vertreibung und den Flüchtlingsstatus zwingt“. Diese Umdeutung – Flüchtlinge als Opfer einer wie auch immer gearteten politischen Krise einzuordnen – mag man als ehrenwert einstufen, aber es war letztlich der fatal falsche Weg, ein Problem der Political Correctness zu unterwerfen, statt es zu lösen oder es aufzulösen. Auf diese Weise ist nämlich der Eindruck entstanden, dass die Politik „unser Land“ den hereinströmenden Migranten preisgibt, „und wir nicht darüber reden sollen.“

Bemerkenswerterweise wird die Einwanderung in Europa schon lange diffamiert, obgleich Völkerwanderungen über Jahrhunderte hinweg den alten Kontinent prägen. Der Anthropologe David Turton stellte schon 2003 fest, dass Europäer Migrationsprozesse oft mit Flutmetaphern beschreiben und Flüchtlinge wie Einwanderer der eigenen Gruppe gegenüberstellen („sie“ gegen „uns“), obwohl ihre Vorfahren selbst Migranten sind. Daher festigte sich der Eindruck, dass Migration nach Europa etwas Unnormales sei und Migranten werden als fremde, bedrohliche oder gar feindliche Gruppe wahrgenommen.[13]

Dieser Blick in die Geschichte mag von historischem Interesse sein. Aber für die aktuelle Politik und die Zukunft Deutschlands ist er weitgehend unerheblich. Wer in eine fast beliebige deutsche Innenstadt Deutschlands geht oder die Schlagzeilen in der Presse wahrnimmt, kann sich kaum des Eindrucks erwehren, dass sich fremde Kulturen im großen Stil in Deutschland breit machen, die Unbehagen und Ängste bei der heimischen Bevölkerung auslösen.

Migration: Hilfe wird zum Problem

Menschenwürde, Freiheit, Gleichheit, Kinderschutz, Privatsphäre, Wehrpflicht, Staatsangehörigkeit, Asylrecht – das sind die Themen der ersten 19 Artikel des Grundgesetzes der Bundesrepublik Deutschland.[14] Das Recht auf Asyl ist also tief verwurzelt in den Genen Deutschlands. Es entstammt dem zutiefst humanitären Gedanken, Menschen zu helfen, die in unsäglicher Not vor Krieg und Elend fliehen, um ihr Leben zu retten. Es entspringt dem urmenschlichen Wunsch, andere Menschen vor dem Tod zu retten – ohne Gegenleistung, einfach, weil es Menschen sind.

Freiwillige Hilfe oder Anspruch auf Hilfe?

Gerne teilen wir, wie sicherlich die meisten Menschen, unser Stück Brot mit einem hungrigen Kind. Doch wenn sich die Kinder zu gierigen Jugendlichen entwickeln, die lautstark auf den ganzen Kühlschrank Anspruch erheben, dann lässt das Gefühl, helfen zu wollen, nach. Es ist dieser Wandel von der freiwilligen Hilfeleistung zum Anspruchsgehabe, der dafür sorgt, dass Menschen auf der Flucht in wohlhabendere Ländern weniger gerne gesehen werden, in Teilen der Wohlstandsbevölkerung sogar verhasst sind.

Natürlich kommen weitere Aspekte hinzu: Wenn sich mehr Menschen aus einem bestimmten Kulturkreis in einem für sie fremden Land zusammenfinden, dann pflegen sie ihre Herkunftskultur. Die Vielzahl der Oktoberfeste rund um den Globus stellt ein Symbol dafür dar, wie weit sich die deutsche Kultur verbreitet ein. Gleiches gilt umgekehrt für andere Kulturen in Deutschland. Rund 2.800 Moscheen in Deutschland zeugen davon, dass der muslimische Glaube hierzulande eine Heimat gefunden hat; zum Vergleich: Es gibt ungefähr 45.000 christliche Kirchen und etwa um die 130 jüdische Synagogen in Deutschland.[15]

Einwanderung ist weder ein neues Phänomen noch per se gut oder schlecht. Die Vereinigten Staaten von Amerika, die zweifelsfrei mächtigste Nation auf Erden, wurden vor rund 250 Jahren ausschließlich durch Einwanderung begründet. Der Aufstieg zur Supermacht dürfte unmittelbar damit zusammenhängen. Bedenken wir: Es gab damals kein Einwanderungsgesetz, das nur die Klügsten oder Reichsten ins Land gelassen hätte, sondern diejenigen, die nach Amerika auswanderten, waren die besonders Verzweifelten und Mutigen – in mancherlei Hinsicht vergleichbar mit den heutigen Migranten, die nach Europa strömen. Allerdings war Amerika zur damaligen Zeit im Gegensatz zum heutigen Europa weitgehend unbesiedelt und den ursprünglichen Einwohnern, die Indianer genannt wurden, hat der Ansturm der Einwanderer zweifelsohne nicht gutgetan. Genau diese beiden Aspekte stellen heutzutage grundlegende Argumente derjenigen dar, die Angst vor einer Überfremdung äußern. Es mag schon sein, dass Einwanderer das Land voranbringen – übrigens eine Kernthese der Vereinten Nationen – aber möglicherweise nicht in eine Richtung voran, die den „Ureinwohnern" – denjenigen, die sich bereits im Wohlstand Europas sonnen – genehm ist. So entsteht das Bild eines Ansturms von Asylanten und Migranten, derer man sich erwehren sollte, bevor sie uns *ihre* Kultur überstülpen und dadurch *unsere* Kultur vernichten. Dieser „Krieg der Kulturen" – in dem Buch „Clash of Civilizations" von Samuel P. Huntington bereits 1996 vorhergesagt[16] – hat dazu geführt, dass sich Teile der Bevölkerung in Europa tatsächlich in einer Art

„Kriegszustand“ wähnen – und im Krieg sind wie in der Liebe bekanntlich alle Mittel erlaubt, wobei unklar ist, ob diese „Lebensweisheit“ auf Cicero, Napoleon oder die chinesischen Strategeme zurückzuführen ist.

Wenn die Chance zur Bedrohung wird

So ist aus der „Chance Einwanderung“ eher eine Bedrohung geworden. Obgleich der Bevölkerung in allen europäischen Staaten eine Überalterung droht, kommt die „Auffrischung“ von außen nicht als Bereicherung daher, sondern als Gefahrenquelle.

Vor diesem Hintergrund hat Artikel 20, Absatz 2 des Grundgesetzes verstärkt an Bedeutung gewonnen: Darin heißt es: „Alle Staatsgewalt geht vom Volke aus“. Über die Frage „Wer ist das Volk?“ ist in den letzten Jahren eine der schärfsten politischen und gesellschaftlichen Diskussionen seit Bestehen der Bundesrepublik Deutschland entbrannt, die seit 2023 nochmals an Dramatik zugenommen hat. Eine wachsende Zahl von Menschen verliert das Vertrauen in die Institutionen, die eben dieses Volk repräsentieren sollen. Immer mehr Menschen fühlen sich von „denen da oben“ nicht mehr vertreten. Sie demonstrieren dagegen, machen nicht mehr alles mit, wollen ihr Schicksal selbst in die Hand nehmen und geben bei politischen Wahlen ihre Stimmen vermehrt an politische Kräfte, die weniger Zuzug und weniger Überfremdung versprechen. Das ist ihr gutes Recht, das ist lebendige Demokratie – und doch löst es Ängste aus, weil ein Übermaß an Nationalstolz Deutschland und letztlich die halbe Welt schon einmal in die Katastrophe geführt hat. Dies spaltet die politische und gesellschaftliche Diskussion in Deutschland.

Die eine Hälfte, die sich demokratisch nennt, sieht diesen nationalen Bewegungen mit größter Sorge vor ähnlich katastrophalen Folgen. Die andere Hälfte befürchtet, dass gerade die bisherige Politik zu einem Fiasko führt, und sieht es geradezu als Bürgerpflicht an, das Ruder noch rechtzeitig herumzureißen. Dadurch ist ein tiefer Riss in unserer Gesellschaft entstanden, weil beide Seiten für sich in Anspruch nehmen, zu kämpfen, um ein Armageddon zu verhindern. Die Spaltung geht weit über die politische Bühne hinaus quer durch Firmen, Vereine, Freundschaften und Familien bis hinein in die Schulen. Nur ein einziges aktuelles Beispiel: Als im Herbst 2023 ein Frankfurter Gymnasium angesichts der bevorstehenden Landtagswahl zu einer Podiumsdiskussion mit den politischen Parteien einlud, regte sich heftiger Widerstand gegen die Teilnahme der AfD-Kandidatin.[17] Unabhängig von der Bewertung der AfD – als Partei, die offen ausspricht, was viele denken, oder als Vorbote einer nationalen Diktatur – trägt ein Redeverbot dazu bei, das Gefühl „wir sollen nicht darüber reden“ zu stärken.

Grundwerte des Humanismus

In diesem Zwiespalt mag es helfen, sich die Grundwerte des Humanismus zu verdeutlichen. Europa hat eine dunkle Vergangenheit – und damit sind nicht die schrecklichen Jahre der beiden Weltkriege gemeint – sondern das finstere Mittelalter.

Erst im 19. Jahrhundert entwickelte sich ein Gesellschaftsideal, das für jeden einzelnen Menschen die bestmögliche Entfaltung seiner Persönlichkeit gewährleisten soll, solange es dabei andere Menschen nicht einschränkt. Es handelt sich dabei um ein Ideal, das natürlich in seiner Reinheit unerreichbar bleibt. Aber dieses Ideal anzustreben, sich für dieses Ideal einzusetzen und konsequenterweise gegen alle Strömungen zu stellen, die diesem Ideal entgegentreten, ist eine Leitschnur, ein roter Faden durch Argumente und Anfeindungen, egal von welcher Seite. Das bedeutet auch, diejenigen Elemente fremder Kulturen, die von dieser Richtschnur abweichen, konsequent zurückzudrängen bzw. ihnen gar nicht erst eine Ausbreitung hierzulande zu ermöglichen. Dazu gehört es, Religion an den Platz zu verweisen, den sie in unserer Gesellschaft innehat: ins Private.

Deutschland ist ein säkularer Staat. Unser Grundgesetz bildet die Basis unserer Gesellschaft und keine religiöse Lehre; weder das Christentum noch der Islam. Deutschland ist ein Land des freien Denkens und der Meinungsfreiheit. Es ist das Gegenteil eines Gesinnungs-Deutschlands, in dem freies Denken nur in die eine oder in die andere Richtung erlaubt ist.

Diese Freiheit bedeutet aber nicht, andere gewähren zu lassen, die den Humanismus in unserer Gesellschaft angreifen und zerstören wollen. Ganz im Gegenteil: Die Angst, dass dieses große Ideal des Humanismus in der Tagespolitik sowie im demokratischen Wettstreit der Parteien verloren geht, ist durchaus berechtigt. Und vor allem, dass der Wille auf der Strecke bleibt, sich hierfür einzusetzen und die zerstörerischen Kräfte abzuwehren.

Humanistische Grundeinstellung

Eine Umfrage aus dem Jahr 2020 zeigt, dass ein Großteil der Bevölkerung Deutschlands seine humanistische Grundeinstellung nicht verleugnen will. Als das Flüchtlingslager Moria auf der griechischen Insel Lesbos in den Flammen aufging, sprachen sich 87 Prozent aller Deutschen für die Aufnahme der Betroffenen in Deutschland aus. Allerdings: Rund die Hälfte von ihnen machte eine Aufnahme davon abhängig, dass es eine europaweite Verteilung gab.[18] Trotz dieser Einschränkung, die im Grunde einen Ruf nach Fairness in Europa darstellte, herrschte 2020 also ein hohes Maß an Mitmenschlichkeit in Deutschland.

Allerdings lag die Umfrage mitten in der Coronazeit, in der viele Menschen auch in Deutschland am eigenen Leib erfuhren, dass sie ihr Schicksal nicht nur selbst bestimmen, sondern dass es ebenso von äußeren Mächten – in diesem Fall ein kleines Virus, das die ganze Welt überfallen hat – abhängt.

Die ersten Reaktionen auf die aus der Ukraine nach dem russischen Einmarsch flüchtenden Menschen in Deutschland und anderen Ländern Europas ließen im Frühjahr 2022 den Eindruck aufkeimen, dass die Empathie für Menschen in Not weiterhin hoch ist. Das mag zum einen daran liegen, dass die russische Aggression gegenüber der Ukraine als unverzeihlich, unfassbar und unzweifelhaft „böse“ eingestuft wurde. Es war deutlich erkennbar, dass die Ukrainer Kriegs- und nicht etwa sogenannte Wirtschaftsflüchtlinge waren, dass sie ihr Leben retten wollten und nicht „nur“ ihre Lebenssituation zu verbessern suchten. Zum anderen gehörte die Ukraine 2022 „gefühlt“ zu Europa. Das Land hatte schon Jahre vorher über ein Assoziierungsabkommen mit der EU beratschlagt, das allerdings auf russischen Druck niemals unterzeichnet worden war. Doch die Demokratiebewegung und die Hinwendung gen Westen ließen nicht nur in Deutschland die Meinung aufkommen, „die gehören zu uns“ – und die Hilfe für die Flüchtlinge aus der Ukraine fiel leichter und empathischer aus.

Daraus eine generelle und große Aufnahmebereitschaft für Menschen aus allen Kulturkreisen abzuleiten, ginge indes zu weit. Deutschland ist mit über einer Million neu hinzugekommenen Ukrainern ins Jahr 2024 gegangen und die Stimmung gegenüber diesen Kriegsflüchtlingen ist längst nicht mehr so positiv wie am Anfang. Das liegt sicherlich auch daran, dass rund zwei Drittel der Kriegs-Ukrainer Bürgergeld in Deutschland beziehen, also auf Kosten des deutschen Steuerzahlers hierzulande leben.[19]

Rückblickend wird man wohl feststellen müssen, dass die von der EU angesichts des Kriegs im Osten Europas zugelassene Massenintegration aus der Ukraine – so positiv man sie unter humanitären Gesichtspunkten zu bewerten hat – das Thema der Migration nach Europa erneut in den Mittelpunkt der politischen Auseinandersetzung in der zweiten Hälfte der 2020er Jahre setzen wird. Die Tatsache, dass sich Georgien 2022 nur eine Woche nach dem Beginn des Kriegs in der Ukraine ebenfalls um eine Mitgliedschaft in der EU beworben und damit seine Bevölkerung einem ähnlichen Kriegsrisiko durch Russland ausgesetzt hat, ließ die Dimension möglicher künftiger Fluchtbewegungen in Richtung Europa erahnen. Der 2023 neu entflammte Nahost-Krieg verstärkte diese Befürchtung.[20]

Angst vor Überfremdung

Die Angst eines erheblichen Teils – schwankend je nach Umfragejahr und der gerade aktuellen Situation – der deutschen Bevölkerung vor einer Überfremdung lässt sich in wenigen Sätzen zusammenfassen:

Es kann nicht so weitergehen. Wir haben Ausländer, Islamisten und sonstige Feinde ins Land gelassen, die unsere freiheitlich-demokratische Grundordnung nicht akzeptieren und unsere Art, zu leben, nicht respektieren und auf unsere Kosten hierzulande gut leben. Und wir sind dumm genug, unsere Gesellschaft aus falsch verstandener Humanität und Toleranz heraus preiszugeben. Die Folgen tragen wir: Das Fremdländische verdrängt unsere eigene Kultur, die Kriminalität steigt, wir sind nicht mehr Herr im eigenen Land. Es geht dabei nicht nur um diejenigen Fremdlinge, die schon heute unser Land bevölkern. Diese Menschen vermehren sich auch viel stärker als wir, sodass der Ausländeranteil in den nächsten Jahren und Jahrzehnten immer weiter steigen wird.

Unser Land wird daran zugrunde gehen. Vielleicht trifft es uns gar nicht mehr so stark, aber unsere Kinder werden darunter leiden müssen. Das Deutschland, das wir kennen – unser Deutschland – wird ausgelöscht.

Immerhin war Mohammed in Berlin der beliebteste Vorname für Jungen im Jahr 2022. Bundesweit lag der Name des islamischen Propheten 2022 auf dem 20. Platz.[21]

Ob diese Ängste berechtigt sind oder nicht, ist für die politische Wirkung unerheblich. Angst lässt sich nicht mit rationalen Argumenten, mit Zahlen, mit klugen Analysen, beheben. Angst gehört zu den stärksten Gefühlen, die wir Menschen kennen. Und es gibt nur eine Maßnahme dagegen: Menschen das Gefühl der Sicherheit zu geben. Und es ist falsch, diejenigen, die sich gegen eine Massenmigration wehren, per se eine „Ausländerfeindlichkeit" zu unterstellen.

Ausländer ist nicht gleich Ausländer

Es sind häufig dieselben Menschen, die sich gegen Ausländer wehren, die mit Genuss beim Italiener eine Pizza verspeisen, sich beim Griechen einen Ouzo gönnen, das chinesische Buffet zum kleinen Preis genießen und einen Döner beim Türken essen. Und das ist der Punkt: Italiener, Griechen, Chinesen, ein Gutteil der Türken und viele, sehr viele Ausländer haben sich in Deutschland perfekt integriert. Sie haben ihren Lebensweg in unserer Gesellschaft gefunden, tragen zum Wohlstand unseres Landes bei und stellen zweifelsohne eine Bereicherung dar. Es gibt ganze Berufsstände, die ohne ausländische Hilfe schlichtweg zusammenbrechen würden, vom Pflegedienst bis zur Abfallwirtschaft. Und es gibt natürlich auch viele – sehr viele – Migranten, die in den höchsten Kreisen Deutschlands angekommen sind, sei es als

Universitätsprofessoren, erfolgreiche Unternehmer, die Arbeitsplätze schaffen oder demokratisch gewählte Politiker. Um es klar zu sagen: Diesen Menschen ist höchster Respekt zu zollen, denn sie haben häufig einen besonders steinigen Weg hinter sich gebracht, um in die Spitzenriege in Deutschland emporzuklettern.

Doch daraus die Schlussfolgerung zu ziehen, dass praktisch jeder, der aus einem anderen Land nach Deutschland einwandern will, per se eine Bereicherung darstellt, ist völlig falsch. Genau das ist der Fehler: Die Diskussion um Zuwanderer, die keine Bereicherung, sondern eine Gefährdung für uns sind, wird völlig vereinfacht und gänzlich falsch auf die Frage reduziert, ob man *für* oder *gegen* Ausländer sei. Doch darum geht es gar nicht. Man kann *für* die richtigen und *gegen* die falschen Ausländer sein. Richtig sind diejenigen, die sich in unserer Gesellschaft eingliedern, unsere Gesetze achten und Rücksicht nehmen, die einen Beruf ergreifen, Steuern zahlen und damit zum Gemeinwohl beitragen; falsch sind alle, die auf unsere Kosten leben, randalieren, Straftaten begehen, unsere Gesetze mit Füßen treten, ihre eigenen „Gesetze" wie beispielsweise die der Scharia einzuführen versuchen, uns ihre Religion aufdrängen und verlangen, dass wir auf ihre Religion, ihre Gebräuche und ihre Befindlichkeiten Rücksicht nehmen statt umgekehrt. Es sind eben nicht Männerhorden aus dem europäischen Ausland oder aus Asien, die immer wieder auffallen, weil sie Frauen belästigen oder noch schlimmer, sondern es sind häufig – sprechen wir es aus – junge arabische Männer. Natürlich darf das keine Vorverurteilung *aller* jungen Männer arabischer Herkunft darstellen, aber die Tatsachen nicht auszusprechen oder gar zu leugnen ist nicht der richtige Weg. Man muss Missstände benennen, um sie abzustellen.

Machen wir uns klar: In früheren Jahren kamen viele Ausländer nach Deutschland, um hierzulande nach unseren Gesetzen zu leben und zu arbeiten, um zu unserem Wohlstand beizutragen und sich gleichzeitig ihren eigenen Wohlstand aufzubauen. Diese Ausländer sind auch heute noch hierzulande herzlich willkommen, angesichts des akuten Fachkräftemangels sogar noch willkommener als zuvor. Doch diejenigen, die aus anderen Ländern kommen, um nur an unserem Wohlstand teilzuhaben, ohne mitzuhelfen, die brauchen wir nicht. Es sind *diese* Ausländer, und nicht allgemein „Ausländer“, die viele Deutsche ablehnen.

Ursprünge in den 1880er Jahren

Die Geschichte der Ausländer, die in Deutschland zunächst als Arbeiter und später häufig als Selbstständige und Unternehmer ihren Weg gehen, begann schon in den 1880er Jahren. Einen ersten traurigen Höhepunkt erreichte sie mit der Rekrutierung von über zehn Millionen Ausländern, die von den Nationalsozialisten während des Zweiten Weltkrieges aus den von Deutschland besetzten Ländern zum Arbeitseinsatz ins Reich gebracht wurden.[22]

Etwa Ende der 1960er und Anfang der 1970er Jahre begann eine neue Welle der Beschäftigung von ausländischen Arbeitskräften. Die wachsende Wirtschaft verlangte nach „Gastarbeitern“, die mit Anwerbungskampagnen angelockt wurden. Schon der Begriff „Gastarbeiter“ signalisierte die damalige Vorstellung: Die Menschen kommen aus anderen Ländern, arbeiten hierzulande und gehen wieder in ihre Länder nach Hause, sobald sie nicht mehr benötigt werden.[23] Der damalige Arbeitsminister Theodor Blank nannte es entlarvend „ein Stück Entwicklungshilfe für die südeuropäischen Länder“.[24] Er suggerierte somit schon damals, dass Deutschland ein begehrtes Land ist und die anderen Staaten eher Entwicklungsländer seien. Anfang der Siebzigerjahre wurde immer deutlicher, dass viele Gastarbeiter keineswegs vorhatten, in ihre Herkunftsländer zurückzukehren, sondern sich in Deutschland einrichten wollten. Der damalige Bundeskanzler Willy Brandt erließ daher 1973 einen „Anwerbestopp".[25] Doch die Anzahl der Ausländer verminderte sich nicht, sondern stieg entgegen der damaligen Vorstellung praktisch aller politischen Parteien immer weiter an. Es wurde die Losung ausgegeben, Deutschland sei kein Einwanderungsland, aber die als Gastarbeiter geholten Menschen könnten ihre Familien nachziehen lassen und dürften hierzulande sesshaft werden. Da jedoch die dauerhafte Bleibe der Einwanderer politisch nicht gewollt war – man ging nach wie vor davon aus, dass sie „irgendwann" das Land wieder verlassen würden –, gab es keine Versuche der Integration. Die Zugewanderten fanden im Laufe der Zeit ihre eigenen Wege, viele gründeten beispielsweise Restaurants mit den zwischenzeitlich bei immer mehr Deutschen beliebten kulinarischen Spezialitäten ihrer Heimat. Gleichzeitig entstanden in dieser Zeit die ersten Ängste vor einer Überfremdung und es bildete sich ein erstes Potenzial für nationalistische Tendenzen. Das galt umso mehr, als sich allmählich der europäische Binnenmarkt entwickelte und bis zum Ende der 1980er Jahre vollendete.[26]

Parallel dazu begannen zur gleichen Zeit die ersten Massenwanderungen in den Armenregionen der Welt. Viele der in diesen Ländern lebenden Menschen erfuhren erstmals durch die aufkommenden und sich ausbreitenden Massenmedien, dass es eine reiche Welt ohne Hunger und Durst gibt. Im Zuge des wirtschaftlichen Niedergangs und schließlich durch den Zerfall der Sowjetunion strömten aus den ehemaligen Ostblockländern seit Mitte der 1980er immer mehr „deutschstämmige Aussiedler" nach Deutschland. Es handelte sich dabei um Deutsche in den ehemaligen deutschen Ostgebieten, die zwischen 1944 und 1949 nicht nach Deutschland zurückkehren konnten, sowie um Menschen mit deutscher Abstammung, die im Ostblock häufig Repressalien ausgesetzt waren. Zwischen 1950 und 1987 kamen rund 1,4 Millionen Aussiedler nach Deutschland. Zwischen 1986 und 1988 verfünffachte sich die Zahl der neu ankommenden Aussiedler und war damit doppelt so hoch wie die Zahl der Asylbewerber. Nimmt man beide Migrationsbewegungen – Aussiedler und Asylanten – zusammen, so wanderten zwischen 1988 und 1992 – also binnen vier Jahren – mehr als 2,2 Millionen Menschen aus den ehemaligen Ostblockländern in die Bundesrepublik ein. Die Einwanderungswelle befand sich in vollem Gange.[27] Zum Vergleich: 2022, also binnen eines einzigen Jahres, wanderten mehr als 2,6 Millionen Menschen nach Deutschland ein. Es war die höchste Zuwanderung innerhalb eines Jahres seit 1950.[28]

Araber und Moslems im Fokus

Die Diskussion drehte sich spätestens seit 2015 indes wie bereits angesprochen weniger um Ausländer im Allgemeinen, sondern um Araber und Moslems, die – so der Vorwurf – unser System zersetzen. Das war insofern ein einfaches Argument, als es durch die wiederkehrenden Anschläge von Islamisten überall auf der Welt und eben auch in Deutschland immer und immer wieder bestärkt wurde. Die zuvor unvorstellbaren Anschläge auf die Türme des World Trade Centers in New York und das Pentagon in Arlington am 11. September 2001 veränderten nicht nur das Sicherheitsbedürfnis in den USA, sondern auch jenes in Deutschland. Es griff das Gefühl um sich, der Islam überrollt unser christlich-humanistisches Abendland. Der Humanismus, eine der größten Errungenschaften des „Alten Europa“, der über Jahrhunderte gewachsen ist, schien binnen weniger Jahre oder Jahrzehnte vom Islam überrollt und vernichtet zu werden. Die grausamen Kreuzzüge des Christentums vergangener Jahrhunderte schienen durch einen perfiden Terror des Islams zu uns zurückzukehren.

Die Unterscheidung zwischen „Islam“ und „Islamismus“ spielte dabei in der politischen Realität keinerlei Rolle. Die Angst ließ bei vielen Menschen eine solche Differenzierung einfach nicht zu. Hängen blieb die im Grunde nicht neue Erkenntnis: „Man ist nirgendwo mehr sicher“, die seit 2015 aktueller als je zuvor seit der Gründung der Bundesrepublik Deutschland in den Köpfen der Bevölkerung festzusitzen schien. Richtete sich der RAF-Terror der Siebzigerjahre noch vor allem gegen die Eliten des Systems, so scheinen heute „Lieschen Müller“ und „Otto Normalverbraucher“ auf der Straße gefährdet. Wer ein Fußballstadion betritt, einen Weihnachtsmarkt besucht oder sich einfach nur auf einem öffentlichen Platz aufhält, läuft Gefahr, von islamistischen Terroristen niedergemetzelt zu werden. Übertrieben? Mag sein. Aber es gibt für jede diese Gefahren mindestens einen Fall und der Rest ist Angst, geschürt von politischen Agitatoren und in die breite Öffentlichkeit getragen von unzähligen Schlagzeilen in den Zeitungen, Nachrichten und Talkshows. So erklärte Thüringens Innenminister Georg Maier angesichts des Nahost-Kriegs im November 2023: „Wir müssen jetzt extrem wachsam und auf alles vorbereitet sein. Eine weitere Eskalation der Lage in Nahost würde die Terrorgefahr in Deutschland weiter erhöhen. Gerade die Weihnachtsmärkte stellen potenzielle Angriffsziele dar.“[29] Mit anderen Worten: Wir sollten uns von unserer Tradition, Weihnachtsmärkte zu besuchen, besser verabschieden, um nicht von muslimischen Attentätern hochgesprengt zu werden. Übertrieben? Mitnichten: Im Dezember 2016 steuerte ein islamistischer Terrorist einen Sattelzug mitten in den Weihnachtsmarkt auf dem Breitscheidplatz in Berlin; zwölf Menschen starben, zahlreiche wurden verletzt.[30]

In das Jahr 2024 ist Deutschland mit über 300 bekannten islamistischen Gefährdern gegangen, darunter 125 ohne deutsche Staatsbürgerschaft. „Gefährder“ nennt die Polizei Menschen, denen sie schwere, politisch motivierte Gewalttaten bis hin zu Terroranschlägen zutraut.[31] Wie viele unbekannte Gefährder in Deutschland ihr Unwesen treiben, weiß kein Mensch.

Nicht nur die winterlichen Weihnachtsmärkte werden uns durch gewaltbereite Migranten vergällt; vom Besuch eines Freibades im Sommer ist aus denselben Gründen ebenso abzuraten. Schlägereien, Verletzte, die Sicherheit ist nicht mehr zu gewährleisten – im Sommer 2023 kapitulierten viele Freibäder vor der ausufernden Gewalt. Das Personal in den Bädern meldete sich reihenweise krank. Im Juni kam es zu einer Massenschlägerei im Sommerbad in Berlin-Pankow: eine Gruppe von etwa 30 Jugendlichen ging auf Bademeister und Sicherheitsmitarbeiter los. Als Verursacher wurden ein 16-Jähriger aus dem Libanon und sein 14-jähriger Kumpel ungeklärter Staatsangehörigkeit ausgemacht.[32] Ebenfalls im Juni musste die Polizei das Freibad Neukölln wegen einer Schlägerei mit rund 50 Jugendlichen räumen.[33] Und das waren nur zwei Beispiele: Immer wieder gab es über die Jahre hinweg gravierende Vorfälle und viel Gewalt in den Freibädern. Landfriedensbruch, schwere Körperverletzung und Beleidigung gehören offenbar zur Normalität in deutschen Freibädern. Politisch korrekt werden die Täter von der Polizei meist nicht ethnisch eingeordnet, aber ein Großteil der 1.300 mit Hausverboten belegten jungen Männer allein in den Berliner Schwimmbädern sind Migranten, wie hinter vorgehaltener Hand erzählt wird.[34] Die Dresdner Bädergesellschaft stellte klar: Es handele sich oft „um den Aufbau von Drohszenarien gegenüber Gästen und Personal“ und das Verhalten gehe überwiegend „von Besuchern mit Migrationshintergrund aus“. Zur Frage, ob ein Gast einen Migrationshintergrund habe, gebe es „keine belastbaren Zahlen“ – „die Mitarbeiter schätzen das ein.“[35] Die Randalierer sind zwar bekannt, aber das erteilte Hausverbot lässt sich am Eingang kaum kontrollieren.

In Berlin wurden immer wieder mobile Wachen der Polizei eingesetzt – nicht nur in Schwimmbäder, sondern auch in Parks, vor Bahnhöfen oder an problematischen Orten mit viel Kriminalität.[36]

Weihnachtsmärkte und Schwimmbäder sollte man also besser meiden – Innenstädte wohl auch.

Der Orient trifft Schwarzafrika in der City

Es bedarf längst keiner wahren Gefahren oder gar terroristischer Anschläge mehr, um Angst vor Überfremdung in Deutschland hervorzurufen. Wer eine beliebige deutsche Stadt mit der Bahn besucht und aus dem Hauptbahnhof tritt, kann schnell den Eindruck gewinnen: Hier trifft sich der Orient mit Schwarzafrika in der City. Was wie Bagdad, Damaskus, Kabul oder Nairobi aussieht, ist das heutige Deutschland. Beispiel München: Wo früher Leberkäs und Lederhose angesagt war, herrschen heute Döner und Durian vor. Der Gemüsekebab ist das lokale Highlight, weil er kein Schweinefleisch und kein Rindfleisch enthält, also von Moslems und Indern gleichermaßen gegessen werden kann. Das eine Grillhaus trägt den Namen Sindbad, das andere direkt neben dem Babylon Internetcafé und dem orientalischen Supermarkt wirbt mit syrischer Küche. In vielen Geschäften kann man die arabischen Schriftzeichen an erster Stelle sehen, bei einigen an zweiter direkt unter einem Namen, der für einen Deutschen schwer aussprechbar ist. Deutsche Innenstädte sind mittlerweile vor allem arabisch-afrikanisch geprägt. Die Menschen, die Namen der Geschäfte, die Sprachen auf der Straße – deutsch ist auf dem Rückzug, oder genauer gesagt, hat sich in vielen Fällen schon zurückgezogen. Diese Entwicklung ist schon lange im Gange – aber sie war noch nie so offensichtlich in ihren Auswirkungen wie heute.

Wer sich die Mühe macht, mit den zu uns Gekommenen ins Gespräch zu kommen, dem offenbaren sich die kulturellen Unterschiede noch stärker als beim ersten Anschein. Nehmen wir beispielsweise die Flüchtlinge aus Nigeria, zeitweise die viertgrößte Migrantengruppe in Deutschland. Hunde, bei uns Haus- und häufig sogar Schoßtiere, sind dort Wächter oder Nahrung – gegrillter Hund ist eine bevorzugte Speise. Im Südwesten Nigerias finden jedes Jahr Festivals statt, wo Hunderte Hunde geköpft werden, ihr Blut wird dann auf eine Gottesstatue gesprenkelt, anschließend werden die Reste in einem Festmahl verspeist. Katzen gelten in Nigeria als Handlanger von Hexen; sie werden als Rattenvernichter eingesetzt, weil sie billiger als Rattengift sind. Gelegentlich werden Katzen dort auch verspeist.[37] Blicken wir nach Uganda: Ein Lebkuchenherz mit der Aufschrift „Küss mich“ („Kiss me“), wie es auf Jahrmärkten in Deutschland verkauft wird, würde dort als eindeutige Aufforderung zum Geschlechtsakt verstanden. Unser deutsches Bier schmeckt für viele Afrikaner wie Wasser; so ist es zu erklären, dass sie weit mehr als fünf Liter davon trinken können – was selbst für einen gestandenen Bayer ein Übermaß darstellt.[38] Noch ein letztes Beispiel, das wie eine Satire klingt: Wenn Frauen im Sommer in der Öffentlichkeit an einem Eis lecken, empfinden das manche Araber als obszön. Auch das Essen einer Banane oder einer Karotte kann als anzüglich empfunden werden.[39]

Man mag über alle diese Beispiele schmunzeln, aber sie zeigen, dass diejenigen, die zu uns kommen, eine völlig andere Sozialisierung erfahren haben. Kein Problem, könnte man sagen, sie können sich doch umstellen. Das stimmt einerseits, aber andererseits sind kulturelle Anpassungen häufig emotional gar nicht einfach – und man muss sich natürlich auch anpassen wollen.

Die erste Flüchtlingskrise

Wenn von der Flüchtlingskrise die Rede ist, fallen meistens drei Jahreszahlen: 1992, 2015 und 2022. Die erste Krise hat die Bundesrepublik Deutschland nach heftigen Diskussionen mit Bravour bewältigt. Die zweite eher nicht und die dritte sattelt auf die zweite, noch unbewältigte, obenauf. Seit 2023 versucht die Politik halbherzig gegenzusteuern – doch vieles deutet darauf hin, dass es zu spät dafür sein könnte.

Im Jahre 1992 erreichte die Zahl der Asylsuchenden in Deutschland mit über 440.000 einen vorläufigen Höhepunkt. Gleichzeitig betrug die Anerkennungsquote nur 4,3 Prozent. 2015 war das Jahr, in dem die damalige Bundeskanzlerin Angela Merkel, die – neben den Maßnahmen zur Eindämmung der Corona-Pandemie 2020/21 – wohl folgenreichste Entscheidung ihrer Kanzlerschaft traf, die deutsche Grenze für Hunderttausende von Flüchtlingen zu öffnen, die weitgehend unkontrolliert ins Land strömten. Ein Jahr später waren mehr als eine Million Menschen seit August 2015 über die deutsche Grenze gekommen. 2022 begann Russland einen Angriffskrieg gegen die Ukraine, woraufhin die Menschen aus dem attackierten Land flohen. Allein 2022 kamen 962.000 Kriegsflüchtlinge aus der Ukraine nach Deutschland, laut Statistischem Bundesamt mehr als aus Syrien, Afghanistan und dem Irak in den Jahren 2014 bis 2016 zusammen (834.000). Mit Stand 2023 sind mehr als eine Million ukrainische Flüchtlinge in Deutschland registriert. Sie haben sich damit binnen eines Jahres zur zweitgrößten ausländischen Bevölkerungsgruppe (nach türkischen Staatsangehörigen) entwickelt.[40] Es sind sicherlich auch diese überlappenden Zuwanderungsströme, die vielen Deutschen das Bild vermitteln „Es kommen immer mehr Menschen aus immer mehr Ländern zu uns, denen wir allen helfen sollen. Das überlastet unsere Gesellschaft, unsere Sozialsysteme und unsere eigene Kultur". Zurück zum Anfang.

Ruhige Jahrzehnte nach dem Zweiten Weltkrieg

In der Bundesrepublik war die jährliche Zahl der Asylbewerber in den ersten Jahrzehnten nach dem Zweiten Weltkrieg vergleichsweise klein. Bis 1976 kamen weniger als 16.500 pro Jahr. Erst ab 1988 stieg die Zahl wieder über Hunderttausend, bis im Jahr 1992 mit beinahe 440.000 Asylanträgen ein vorläufiger Höhepunkt der Antragszahlen in Deutschland erreicht wurde – einer Zahl, die erst 2015 überschritten wurde.

Eine tagespolitische Aktualität war bis in die 1980er Jahre hinein nicht absehbar. Das Asylrecht wurde im Kalten Krieg beinahe ausschließlich für Flüchtlinge aus dem sogenannten Ostblock – Russland und seine Vasallenstaaten – angewandt, von denen im Durchschnitt jährlich 2.000 bis 3.000 in die Bundesrepublik kamen und einen Antrag auf Asyl stellten. Die Anerkennungsquote lag bei nahezu 80 Prozent. Die Menschen, denen die Flucht aus dem Ostblock gelang, galten nicht selten gewissermaßen als Helden. Es war ihnen geglückt, dem Unrechtsregime in einem der osteuropäischen Länder zu entfliehen und sich in die Freiheit – also beispielsweise in die Bundesrepublik Deutschland – zu retten.

Um das zu verstehen, muss man sich vergegenwärtigen, dass die Grenze zwischen der damaligen sogenannten Deutschen Demokratischen Republik (DDR) und der Bundesrepublik Deutschland weit mehr war als nur eine Linie auf der Landkarte – sie war ein Symbol der tiefen Spaltung zwischen dem unterdrückten

Osten und dem freien Westen. Am 13. August 1961 begann der Bau der Berliner Mauer, die sich über 155 Kilometer erstreckte, um zu verhindern, dass Menschen aus der DDR in den Westen flüchteten. Daneben gab es entlang der gesamten innerdeutschen Grenze einen „Todesstreifen“, ein breiter Bereich, der mit Stacheldrahtzäunen, Selbstschussanlagen, Minen und Überwachungstürmen gesichert war. Tausende Menschen versuchten, die Grenzen zu überwinden, um in die Freiheit des Westens zu gelangen. Viele Fluchtversuche scheiterten, und zahlreiche Menschen verloren dabei ihr Leben. Einen Zustrom von Menschen aus dem Osten konnte sich damals kaum jemand vorstellen.[41]

Diese Situation änderte sich erst nach einem sprunghaften Anstieg der Asylbewerber in den späten 1980er und frühen 1990er Jahren. Das hatte einen einfachen Grund: Der zwischen 1945 und 1968 gebildete Ostblock begann ab 1985 zu zerbröckeln und brach schließlich ganz zusammen. Am 9. November 1989 fiel die Berliner Mauer. Die Menschen, die hinter dem Eisernen Vorhang festgehalten wurden, nutzen die Öffnung und strebten in Scharen in den Westen.[42] Zahlreiche Einwanderer nach Deutschland kamen zu dieser Zeit aus Russland, darunter viele Spätaussiedler, also ethnische Deutsche, die in Russland oder anderen ehemaligen sowjetischen Republiken lebten und nun in ihre ursprüngliche Heimat zurückkehrten, aus Rumänien und Ungarn – und vor allem aus Polen.

Der polnische Papst

Der Zerfall des Ostblocks begann mit der Amtseinsetzung des polnischen Papstes Johannes Paul II. im Jahr 1978. Michail Gorbatschow, der im März 1985 zum Generalsekretär der Kommunistischen Partei der Sowjetunion (KPdSU) aufgestiegen war, schrieb in seinen 1992 erschienenen Memoiren: „Alles, was in den letzten Jahren in Osteuropa geschehen ist, wäre ohne diesen Papst nicht möglich gewesen.“ Gorbatschow änderte binnen weniger Jahre alles. Er startete ein Programm des Umbaus (Perestroika) und gestand den „sozialistischen Bruderländern“ ein weitgehendes Selbstbestimmungsrecht zu. Während sich einige Staaten bis 1989 zunehmend aus dem Ostblock lösten, versuchte die Staatsführung der DDR erfolglos, diesen noch zusammenzuhalten.

Andere osteuropäische Länder lockerten frühzeitig den Eisernen Vorhang. Ungarn baute am 2. Mai 1989 die Grenzanlagen zu Österreich ab und löste damit die für den Ostblock historische „Krise des Herbstes 1989“ aus. Am 19. August 1989 gelangten 661 Ostdeutsche durch den Eisernen Vorhang über die Grenze von Ungarn nach Österreich. Es war die größte Fluchtbewegung von Ostdeutschen seit dem Bau der Berliner Mauer. Die Medien berichteten und lösten damit weitere Grenzüberquerungen und schließlich eine Massenflucht ohne Eingreifen der Sowjetunion aus. Am 30. September 1989 erreichte der damalige Bundesaußenminister Hans-Dietrich Genscher nach Verhandlungen mit dem sowjetischen Außenminister Eduard Schewardnadse, dass Tausende auf das Gelände der Prager Botschaft geflüchtete Ostdeutsche mit Sonderzügen per Umweg durch die DDR in den Westen ausreisen durften. Der Ostblock zerfiel, der politische und mediale Jubel im Westen war groß: Das westliche Gesellschaftsmodell der Freiheit und der Demokratie hatte über die Knute der kommunistischen Diktatur im Osten gesiegt.

Angst vor der Überflutung aus dem Ostblock

Für Deutschland bedeutete dies, dass die Zahl der Asylbewerber zu Beginn der 1990er Jahre massiv anstieg. Waren es 1989 noch 120.000 Menschen, die um Asyl baten, zählten die deutschen Behörden im Jahr 1992 knapp 440.000 Asylbewerber, fast doppelt so viele wie im Jahr zuvor. Laut Schätzungen des Statistischen Bundesamtes stieg die Zahl der Ausländer aus den ehemaligen Ostblockländern zwischen 1991 und 2001 von etwa 340.000 auf rund 2,5 Millionen.

Eine schon in den Jahren zuvor aufgekommene tiefsitzende Furcht vor der „Überflutung" Europas und Deutschlands durch Millionen von Flüchtlingen aus der Sowjetunion und ihren Trabanten machte sich breit. Die Union aus CDU und CSU, also der konservative Teil der deutschen Politik, warnte damals vor 50 Millionen Asylanten, die nach Deutschland kommen könnten. Die Angst vor einer Überfremdung war also keine Erfindung aus dem Jahre 2015, sondern hatte ihre Wurzeln bereits in den 1980er und 1990er Jahren.[43] Zwar wurden damals nach der Migration aufgrund des Zerfalls des Ostblocks nur rund 4,3 Prozent der Anträge auf Asyl überhaupt anerkannt, aber für die Staaten entstand dennoch eine große Herausforderung, die ankommenden Menschen aufzunehmen.

In dieser Zeit häuften sich rassistische Anschläge. In Mölln, einer Kleinstadt in der Nähe von Hamburg und Lübeck, ereignete sich am 23. November 1992 ein Brandanschlag auf das Haus einer türkischen Familie, wobei drei Menschen, darunter zwei Kinder, ums Leben kamen. Im Stadtteil Lichterhagen von Rostock fand im August 1992 eine mehrere Tage andauernde Gewaltwelle statt: Hunderte von Randalierern belagerten ein Wohnheim für Asylbewerber, warfen Brandsätze und Steine und verhinderten die Hilfe durch die Feuerwehr. Die Gewalt richtete sich gegen Menschen aus Vietnam, die im Wohnheim lebten; in der DDR gehörten Arbeitskräfte aus Vietnam aufgrund der kommunistischen Regierungen in beiden Ländern zum Alltag.

Die Vorfälle in Mölln und Rostock-Lichtenhagen schockierten Deutschland und offenbarten das Ausmaß des Fremdenhasses und der Gewaltbereitschaft in Teilen der Gesellschaft. Es waren feige Anschläge auf wehrlose Menschen; man konnte und kann sie bis heute nur verurteilen. Doch über diese Verurteilung der Gewaltverbrecher – anders kann man den Mob nicht bezeichnen – hinausgehend zeichnete sich schon damals eine politische Dimension der Anschläge ab. Politiker und Medien führten die Vorfälle bereits zu dieser Zeit auf die ungewohnt hohe Zahl von Asylbewerbern zurück und der daraus gewachsenen Angst vor einer Überfremdung. Bereits damals war klar: Die moralische Verurteilung der schlimmen Angriffe auf die türkische Familie und die Vietnamesen im Wohnheim reicht nicht, es war notwendig, auch eine politische Antwort zu geben. Die Parallelen zu 2015 und 2023 sind offensichtlich.

Schon damals machte sich die Forderung nach einer Einschränkung des Asylrechts in der öffentlichen Debatte breit. Unter diesem Druck verständigten sich Vertreter von Union, SPD und FDP im Dezember 1992 auf eine Neuregelung des Asylrechts. Das Ziel: Die Verfahren sollten beschleunigt und ein „Asylmissbrauch“ verhindert werden. Dazu sollte der ursprünglich schrankenlose Satz in Artikel 16 Grundgesetz („Politisch Verfolgte genießen Asylrecht.“) gestrichen und durch einen Artikel 16a ersetzt werden.[44] Man muss sich klarmachen: Durch die ursprüngliche Formulierung war das Grundrecht auf Asyl vorbehaltlos garantiert, es konnte nicht durch ein einfaches Gesetz eingeschränkt werden.[45]

Dies führte zu einer heftigen politischen und gesellschaftlichen Debatte und 1992/93 zum Asylkompromiss. Dieser mündete in einer Änderung des Grundgesetzes der Bundesrepublik Deutschland und schränkte das individuelle Recht auf Asyl hierzulande stark ein. Am 6. Dezember 1992 vereinbarten die Parteien der damaligen Regierungskoalition, bestehend aus CDU, CSU und FDP mit Zustimmung der für die verfassungsändernde Zweidrittelmehrheit im Bundestag erforderlichen SPD-Opposition eine Neuregelung des Asylrechts unter Bundeskanzler Helmut Kohl. Am 26. Mai 1993 beschloss der Deutsche Bundestag die Änderung des Grundgesetzes und des Asylverfahrensgesetzes, das mit Wirkung vom 24. Oktober 2015 in Asylgesetz umbenannt wurde. Im Kern wurden dadurch die Möglichkeiten eingeschränkt, sich „einfach so" auf das Grundrecht auf Asyl zu berufen. Zum Mitschreiben: Die damalige demokratische Mitte – Regierungsparteien und Opposition – taten sich zusammen, um der Realität – dem stark gestiegenen Zustrom von Zuwanderern aus anderen Ländern – Rechnung zu tragen und führten eine Grundgesetzänderung als Gegenmaßnahme ein. Etwas überspitzt kann man rückblickend feststellen: Damals hat die Demokratie in Deutschland nicht nur noch funktioniert, sondern sie hatte auch rationale Züge. Um das Land vor einer Überfremdung zu schützen, haben SPD, CDU/CSU und FDP einen vernünftigen Kompromiss gefunden. Genau das ist es, was viele Menschen in Deutschland seit 2015 vermissen: Eine gemeinsame politische Antwort der demokratischen Mitte auf den nicht abebbenden Zustrom aus dem Ausland. Wenn die politische Mitte diese Antwort verweigert, dann kommt es zu einem Erstarken an den politischen Rändern. Man möchte SPD, FDP und CDU/CSU zurufen: „Erinnert Euch an 1993." 2023 waren erste Anzeichen dafür immerhin zu erkennen: Die Union (CDU/CSU) stellt einen 26-Punkte-Plan zur Eindämmung der Migration vor,[46] die Bundesregierung der Ampel (SPD, FDP, Grüne) kündigte eine Gesetzgebung an, um abgelehnte Asylbewerber ohne Aufenthaltsrecht rascher abschieben zu können.[47] Um diese Maßnahmen, auf die später in diesem Buch noch eingegangen wird, einordnen zu können, ist ein Rückblick auf den Asylkompromiss aus dem Jahr 1993 sinnvoll.

Damals gehörten zum Asylkompromiss die Einführung des Asylbewerberleistungsgesetzes sowie die Schaffung eines eigenständigen Kriegsflüchtlingsstatus.[48] Im Ausländergesetz wurde unter anderem festgelegt, dass „Ausländer aus Kriegs- oder Bürgerkriegsgebieten vorübergehend Schutz in der Bundesrepublik Deutschland erhalten…, diesen Ausländern zur vorübergehenden Aufnahme eine Aufenthaltsbefugnis erteilt und verlängert wird, dass die Aufenthaltsbefugnis nur erteilt wird, wenn der Ausländer einen vor Erlass der Anordnung gestellten Asylantrag zurücknimmt oder erklärt, das ihm keine politische Verfolgung droht …“ Weiters wurde bestimmt: „Der Ausländer hat keinen Anspruch darauf, sich … an einem bestimmten Ort aufzuhalten. … Ist der Ausländer nicht im Besitz eines gültigen Passes oder Passersatzes, wird ihm ein Ausweisersatz ausgestellt. … Im Falle der Aufhebung der Anordnung kann die Aufenthaltsbefugnis widerrufen werden. Widerspruch und Klage haben keine aufschiebende Wirkung. Sind die Voraussetzungen für die Erteilung der Aufenthaltsbefugnis … entfallen, hat der Ausländer das Bundesgebiet innerhalb einer Frist von vier Wochen … zu verlassen. Die Ausreisepflicht ist vollziehbar, auch wenn der Ausländer die Verlängerung der Aufenthaltsbefugnis oder die Erteilung einer anderen Aufenthaltsgenehmigung beantragt hat.“[49]

Wirksame Änderung des Grundgesetzes

Die Änderung des Grundgesetzes erwies sich damals als äußerst wirksam. Die Asylberechtigung nach der Neufassung von Artikel 16 des Grundgesetzes wurde nur selten anerkannt. Gleichzeitig stieg die Zahl der Abschiebungen. 1995 stellten rund 127.000 Menschen Asylerstanträge, 2007 nur noch etwa 19.000. Rund 20 Jahre später – bei der nächsten großen Asylantenwelle – zeigten sich die etablierten Parteien hingegen derart zerstritten, dass sie erst zu spät bemerken, wie sie dieses Mal der

Alternative für Deutschland den Nährboden bereiteten. Dabei erwiesen sich ausgerechnet die 1993 beschlossenen Gesetzesänderungen seit 2015 als wesentliches Hindernis. Schließlich war im Ausländergesetz die Aufnahme von Migranten aus Kriegs- und Bürgerkriegsgebieten in Deutschland ausdrücklich vorgesehen. Angesichts der ausufernden Kriege etwa in Syrien und der Ukraine konnte man die Gesetzesänderungen also geradezu wie eine Einladung an Menschen auffassen, die aus diesen Kriegsgebieten zu fliehen versuchten. Die Migrationsströme verbreiterten sich also – aus immer neuen Ländern und immer neuen Gründen. Während der Asylkompromiss 1992/93 noch eine rein deutsche Angelegenheit war, hatte 2015 und in allen Jahren seitdem natürlich die Europäische Union maßgeblich mitzureden. Die damit verbundenen Aufgaben hat sie indes eher schlecht als recht erledigt.

Auf Abwehr unerwünschter Migranten vorbereitet

„Eigentlich“ war die Europäische Union auf die Abwehr unerwünschter Migranten bestens vorbereitet. Seit in den 1990ern die Grenzen innerhalb Europas fielen und die meisten EU-Bürger sich innerhalb der EU ohne Reisepass frei bewegen können, hat der Staatenbund seine Außengrenzen gleichzeitig immer stärker militarisiert. Amnesty International schätzt, dass die EU zwischen 2007 und 2013 fast zwei Milliarden Euro für Zäune, Überwachungssysteme und Patrouillen an Land und zu Wasser ausgab.

Theoretisch sollten Flüchtlinge von Grenzkontrollen ausgenommen sein, da sie nach internationalem Recht auf der Suche nach Asyl Grenzen passieren dürfen. Doch in der Realität versuchte die EU, Asylbewerber mit allen möglichen Mitteln davon abzuhalten, ihr Territorium überhaupt erst zu betreten. Sie versperrte legale Wege wie etwa die Möglichkeit, in Botschaften im Ausland Asyl zu beantragen. Sie verhängte Strafen für Transportunternehmen, die es Menschen erlaubten, ohne korrekte Dokumente in die EU einzureisen. Zudem schloss sie Verträge mit ihren Nachbarstaaten, damit diese die Migration im Sinne der EU kontrollierten. Eine Schlüsselrolle spielt dabei das sogenannte Dublin-Abkommen für Asylbewerber.

Dublin I, II und III

Das Dublin-Abkommen legt fest, welches EU-Land für die Prüfung eines Asylantrags zuständig ist. In der Regel ist es das Land, in dem die Person zuerst die EU betreten hat. Das Abkommen hat mehrere Schritte durchlaufen.

Dublin I, das ursprüngliche Abkommen von 1979, legte das Grundprinzip fest, dass der erste sichere EU-Staat, den ein Asylbewerber betritt, für die Bearbeitung des Asylantrags zuständig ist. Damit sollte verhindert werden, dass Asylbewerber mehrere Anträge in verschiedenen Ländern stellen (bekannt als „Asylshopping“) oder dass sie in keinem Land einen Antrag stellen können (bekannt als „Asyl in Orbit“).

Dublin II von 2003 erweiterte das Prinzip auf die neuen EU-Mitgliedstaaten, die im Zuge der EU-Erweiterung 2004 hinzukamen. Dublin III von 2013 stärkte die Rechte der Asylbewerber, indem es erlaubte, Rechtsmittel gegen Überstellungsentscheidungen einzulegen, den Aspekt der Familienzusammenführungen und das Wohl von Kindern berücksichtigte. Zudem wurde die Zusammenarbeit in der EU durch ein europäisches Fingerabdruck-Datenbanksystem namens EURODAC (European Dactyloscopy) verbessert. Dabei handelt es sich um eine EU-weite Datenbank zur Speicherung und zum Vergleich von Fingerabdrücken von Asylbewerbern und anderen Einwanderern, die illegal die EU-Grenze überschritten haben. Wenn eine Person einen Asylantrag in einem EU-Land stellt, werden ihre Fingerabdrücke genommen und an die EURODAC-Datenbank gesendet. Wenn die Fingerabdrücke dieser Person bereits in der Datenbank gespeichert sind, kann dies darauf hinweisen, dass sie bereits in einem anderen EU-Land einen Asylantrag gestellt hat oder dort illegal eingereist ist.

Mit anderen Worten: Die EU hatte nach den Erfahrungen mit Dublin I und Dublin II erkannt, dass sich Menschen viele Tricks einfallen lassen, um in die Europäische Union zu gelangen. Dublin III trat aus der Erkenntnis heraus in Kraft, dass sich Migranten häufig nicht an die von der EU gesetzten Regeln halten. Fingerabdrücke zu erfassen, gehört zu den typischen Ermittlungsmethoden bei Tatverdächtigen. Die EU hat damit also durchaus tief in die „Kriminalkiste" gegriffen und erkannt, dass es nicht zielführend ist, den Migranten durchweg nur „beste Absichten" zu unterstellen, und dass es naiv ist, zu glauben, dass sich Menschen an Recht und Ordnung halten, wenn sie ihr Ziel, ins „Paradies" – also in die EU – zu gelangen, mit illegalen Methoden schneller, einfacher oder überhaupt erreichen können.

Umso verheerender war die Wirkung, als 2015 der Eindruck entstand, das Dublin-Verfahren sei ausgesetzt und jedermann sei in Deutschland willkommen; wie es zu dieser Fehlentwicklung und den dramatischen Folgen kam, wird im weiteren Verlauf dieses Buches noch dargestellt. 2023 kündigte Italien zeitweise an, sich nicht mehr an das Dublin-Verfahren halten zu wollen, weil es der Unmenge an Menschen, die über das Mittelmeer ins Land gelangten, nicht mehr Herr wurde und nicht noch diejenigen zurückzunehmen bereit war, die in andere EU-Länder durchgereist und folglich laut Dublin nach Italien zurückgeschickt werden sollten.[50] Zeitweise belief sich 2023 allein die Zahl der Bootsflüchtlinge, die italienischen Boden erreichten, auf beinahe 20.000 Menschen.[51]

Doch schon lange vorher – beim „Arabischen Ansturm" – versagten viele Schutzsysteme der EU.

Arabischer Frühling

Zur winterlichen Jahreszeit – im Dezember 2010 – begann der sogenannte Arabische Frühling – und gab den Startschuss für eine Flüchtlingswelle, die in den darauffolgenden Jahren auf Europa zukam. Aufstände, Proteste und Revolutionen in der arabischen Welt wendeten sich gegen die dortigen autoritär herrschenden Regime. Es begann in Tunesien und setzte sich über etliche Staaten im Nahen Osten (Maschrek / Arabische Halbinsel) bis nach Nordafrika – Maghreb-Staaten und Ägypten – fort. Ab 2011 stieg infolgedessen die Zahl der Menschen, die nach Europa kamen, um Asyl zu beantragen, deutlich an. Die Routen führten über die Türkei oder von Nordafrika aus über das Mittelmeer.[52]

Europa war auf den Ansturm aufgrund des arabischen Frühlings äußerst schlecht vorbereitet und es kam zum Chaos. Tausende Menschen starben bei dem Versuch, über das Mittelmeer das europäische Festland zu erreichen. Die meisten Migranten, die es schafften, versuchten, ihre Reise nach Nordwest-Europa fortzusetzen. Dabei galt „eigentlich" das schon dargestellte Dublin-Abkommen, das sicherstellen sollte, dass ein Antrag innerhalb der EU nur einmal geprüft werden muss. Der „Arabische Ansturm" traf, wenig verwunderlich, vor allem die EU-Außengrenzen, etwa in Italien, Griechenland oder Ungarn.

Angesichts der „Frühlingswelle“ wurde die Durchsetzung der Dublin-Bestimmungen für einige Zeit ausgesetzt, um eben diese EU-Länder zu entlasten. Statt in den Ländern an den Außengrenzen zu blieben, zog es daraufhin viele Migranten nach Deutschland, das aufgrund seiner Barmherzigkeit gegenüber Asylbewerbern und seines großzügigen Sozialsystems besonders begehrenswert war und ist.

Dadurch stiegen die Zahlen in Deutschland in Folge des Arabischen Frühlings wieder deutlich an. 2012 waren es 64.500 Erstanträge und damit 41 Prozent mehr als im Vorjahr. Das war insofern bemerkenswert, also die Zuwanderung im Jahr zuvor auch schon kräftig gestiegen war aufgrund von Fluchtbewegungen aus den vom Krieg zerrütteten Ländern Afghanistan und Syrien.

Deutschland versuchte sich durchaus zu wehren, wie man an der Anerkennungsquote ablesen konnte. Im Jahr 2012 haben die deutschen Behörden nur rund 14 Prozent der Antragsteller als Flüchtlinge und lediglich 1,2 Prozent als asylberechtigt im Sinne des Grundgesetzes anerkannt. Knapp 14 Prozent der Asylbewerber erhielten subsidiären Schutz. Die meisten Antragsteller kamen 2013 aus der Russischen Föderation, gefolgt von Syrien und Afghanistan. 2014 lagen die Asylbewerber aus Syrien an erster Stelle, gefolgt von Eritrea und Serbien.

Für 2015 rechnete das Bamf zunächst mit etwa 450.000 Asylbewerbern – also siebenmal mehr als 2012. Das war eine außerordentlich hohe Zahl, die eine entsprechende Resonanz in der Presse und in der Bevölkerung fand. So war es kaum verwunderlich, dass es eine Welle der Empörung auslöste, als das Bundesinnenministerium im August 2015 die Zahl nach oben korrigiert auf bis 800.000 zu erwartende Asylbewerber. Auch im folgenden Jahr 2016 blieb der Ansturm mit rund 745.500 Anträgen auf Asyl sehr hoch, bis er 2017 auf etwa 222.700 Anträge sank. Die meisten Antragsteller kamen in dieser Zeit aus Syrien, Afghanistan und dem Irak.[53] Diese Zahlen berücksichtigen nur Deutschland, aber der Ansturm galt selbstverständlich der EU insgesamt.

Fast drei Millionen Menschen beantragten 2015 und 2016 in der EU Asyl. Das war im Verhältnis zur Gesamtbevölkerung von 508 Millionen noch immer eine kleine Zahl. Aber es war eine Zahl, die schon am 26. Juni 2013 (!) das Europäische Parlament und den Europäischen Rat zu den Richtlinien 2013/32/EU und 2013/33/EU veranlasste. Im Wesentlichen ging es dabei um die Verschärfung der Verfahren zur Zuerkennung bzw. Aberkennung der Flüchtlingseigenschaften. Dabei sollte trotz deutlich rigideren Regeln der Grundsatz der Nichtzurückweisung gemäß Genfer Flüchtlingskonvention gewahrt bleiben, also niemand dorthin zurückgeschickt werden, wo er Verfolgung ausgesetzt ist.[54]

EU rüffelt das Asylchaos in Deutschland

Zwei Jahre später befasste sich die deutsche Bundesregierung konkret mit der gesetzlichen Umsetzung der EU-Richtlinien 2013/32/EU. Im September einigte sich die damalige Große Koalition aus CDU/CSU und SPD auf einen Gesetzentwurf. Die darin vorgesehenen Regelungen zur Verschärfung der Asylregeln und zur Einstufung weiterer Balkanstaaten als sichere Herkunftsstaaten sollten am 1. November 2015 in Kraft treten. Zur Erklärung: Die Kennzeichnung als „sicherer Herkunftsstaat" bedeutet, dass Asylbewerber aus diesen Ländern, die hierzulande keine Anerkennung finden, in diese Staaten wieder zurückgehen müssen. Darüber hinaus beriet die Bundesregierung über ein Gesetz zur Verbesserung der Unterbringung, Versorgung und Betreuung ausländischer Kinder und Jugendlicher, das im Oktober

2015 veröffentlicht wurde und unter anderem die Verteilung minderjähriger Flüchtlinge regelte. Derweil bemängelte die EU-Kommission, dass Deutschland neben anderen Mitgliedsstaaten die europäischen Richtlinien zur Asylpolitik nicht ordnungsgemäß umsetzte. Im September 2015 leitete die EU-Kommission gegen 19 Mitgliedstaaten 40 EU-Vertragsverletzungsverfahren wegen Verstoßes gegen gemeinsame Asylstandards ein.[55] Gegen Deutschland wurden zwei Vertragsverletzungsverfahren wegen fehlender Umsetzung von Richtlinien zur Ausgestaltung der Asylverfahren und der Aufnahmebedingungen begonnen. Im August 2015 bemängelte die EU-Kommission, dass Deutschland in den ersten sieben Monaten des Jahres 2015 zwar 218.000 Asylanträge entgegengenommen, aber nur 156.000 neue Datensätze in das zentrale Erfassungssystem der EU eingestellt hatte. Im September 2015 forderte sie die Bundesregierung auf, dazu Stellung zu nehmen, dass 2014 unter den 128.000 Personen ohne Aufenthaltsberechtigung in Deutschland nur 34.000 zur Ausreise aufgefordert worden seien. Beides waren sicherlich unmittelbare Auswirkungen des Asylchaos, das zu dieser Zeit in Deutschland herrschte. Aber diese Antwort gab die Bundesregierung natürlich nicht an die EU weiter.

Bemerkenswert hohe Anerkennungsquote

Bemerkenswert war die hohe Anerkennungsquote der Asylanträge in Deutschland über alle diese Jahre hinweg. Zwar führten beispielsweise 2014 nur 1,8 Prozent aller Anträge zu einer Asylberechtigung. Doch 24 Prozent wurden als Flüchtlinge anerkannt, weitere vier Prozent erhielten subsidiären Schutz, bei zusätzlichen 1,6 Prozent wurde ein Abschiebungsverbot festgestellt. Im weitesten Sinne „erfolgreich" endeten somit knapp 32 Prozent der Asylanträge; man spricht von der sogenannten „Gesamtschutzquote". Abzüglich der formellen Erledigungen ergab sich nach Berechnungen von Hilfsorganisationen eine bereinigte Gesamtschutzquote von mehr als 48 Prozent. Werden erfolgreiche Klagen gegen Behördenentscheidungen mit einbezogen, wurden demnach mehr als die Hälfte der Antragsteller 2014 als schutzberechtigt anerkannt.[56]

Man kann diese Anerkennungsquote in mehrerer Hinsicht interpretieren – die Menschen haben ein Recht, sich bei uns aufzuhalten, es werden immer mehr, die wir aufnehmen (müssen) – und sie wirft eine Frage auf: Gehen die Abgelehnten – also gut die Hälfte – tatsächlich in ihre Heimat zurück?

Hälfte der Migranten hält sich illegal hier auf

Rechnen wir nach: 2022 kamen etwa 1,2 Millionen Flüchtlinge aus anderen Ländern nach Deutschland. Die schon erwähnte Gesamtschutzquote lag mit rund 56 Prozent so hoch wie nie zuvor.[57] Demnach haben rund 674.400 Neuankömmlinge das Recht, in Deutschland zu bleiben. Andersherum formuliert: 525.000 der Asylsuchenden hätten das Land wieder verlassen müssen, weil sie nach rechtsstaatlicher Prüfung gar keinen Anspruch auf Asyl in Deutschland haben. Menschen mit abgelehntem Asylantrag müssen Deutschland innerhalb kurzer Zeit verlassen. Doch 2022 wurden lediglich 12.945 Menschen aus Deutschland in ihre Heimatländer abgeschoben. Im Klartext: Rund die Hälfte der 2022 als Asylsuchende nach Deutschland gekommenen Migranten hält sich hierzulande auf, ohne einen Anspruch darauf zu haben. Das sind mehr als eine halbe Million Menschen, die „einfach so" in Deutschland leben. Und diese Kalkulation umfasst lediglich ein Jahr, nämlich 2022. „Wir müssen endlich im großen Stil diejenigen abschieben, die kein Recht haben, in Deutschland zu bleiben", verkündete der amtierende Bundeskanzler Olaf Scholz im

Herbst 2023. Eine überwältigende Mehrheit von 86 Prozent stimmte „ihrem“ Kanzler zu.[58]

Doch das war 2023 längst keine Neuigkeit mehr. Der Zustrom begann, wie schon darlegt, viel früher – und auch der Widerstand dagegen.

Gegen Asylbetrug und Wirtschaftsflüchtlinge

Aufgrund der steigenden Asylbewerberzahlen und der verstärkten Zuwanderung aus wirtschaftlichen Gründen erhielt die Asyldebatte schon ab Mitte der 1980er eine neue Richtung. Es begann damals eine emotionsgeladene Kampagne gegen Asylbetrug und Wirtschaftsflüchtlinge.[59] Die Argumentation dahinter: Viele Menschen kommen aus anderen Ländern nur deshalb nach Deutschland, um hier ein besseres Leben zu führen. Sie fliehen weder vor Krieg noch vor politischer Verfolgung, sondern wollen sich im „deutschen Schlaraffenland“ laben. Das manifestierte den Begriff der Wirtschaftsflüchtlinge, die es nach Deutschland zieht in der Hoffnung, dass es ihnen hierzulande wirtschaftlich besser geht. Weil das keinen gültigen Asylgrund darstellt, belügen und betrügen sie den deutschen Rechtsstaat, um dennoch aufgenommen zu werden.

Nun kann man es einem Menschen kaum übelnehmen, wenn er für sich und seine Familie ein besseres Leben anstrebt. Das ist urmenschlich. Die damit verbundene und häufig aufgeworfene Frage ist nur: In welchem Ausmaß trägt Deutschland eine Verantwortung für alle Menschen auf der Welt und sollte ihnen zu einem besseren Leben verhelfen? Alle Menschen sind gleich und Hilfe ist eine Frage des Anstands und der Humanität, argumentieren die einen; Deutschland und damit die deutsche Regierung trägt in erster Linie eine Verantwortung für alle deutschen

Staatsangehörigen und nicht für die ganze Welt, argumentieren die anderen.

Hinzu kommt der Vorwurf: Einmal in Deutschland angekommen, achten viele der Neuankömmlinge unsere Kultur nicht, wollen sich den hiesigen Gepflogenheiten nicht anpassen, treten unser Grundgesetz mit Füßen und werden teilweise sogar kriminell. Die Kritik lässt sich wie folgt zusammenfassen: Die Politik appelliert an die Deutschen, sich einer Willkommenskultur für alle Ausländer zu befleißigen, aber es wird keine Dankeskultur von den Ankömmlingen angemahnt, geschweige denn verlangt.

Aus dieser Kritik resultiert eine deutlich ablehnende Haltung eines Gutteils der Bevölkerung gegenüber Asylanten. Dieses Phänomen ist nicht neu – und starken Stimmungsschwankungen unterlegen. Doch 2023 sorgte es einmal mehr für Entsetzen.

Entsetzen und Asylpolitik aller Demokraten

Bei der Frage „Wenn am nächsten Sonntag wirklich Bundestagswahl wäre?" kam die AfD im ZDF-Politbarometer im Sommer 2023 zeitweise mit 19 Prozent auf den zweiten Platz, nach der CDU/CSU (28 Prozent) und vor den Regierungsparteien SPD (18 Prozent), Grüne (16 Prozent) und FDP (6 Prozent).[60] Das Entsetzen aller aufrechten Demokraten war groß, aber diese Entwicklung war schon Jahre zuvor absehbar gewesen, wie auf den vorherigen Seiten bereits angeschnitten. Eine Zäsur stellt dabei das Jahr 2015 dar, wie noch zu zeigen sein wird.

Wenn der Aufstieg der AfD 2023 der regierendem Ampel-Koalition aus SPD, FDP und Grünen angekreidet wurde, so ist dennoch nicht zu übersehen, dass die Diskussion um eine Überfremdung Deutschlands unter einer ganz anderen politischen Kraft an Fahrt zunahm, nämlich der CDU/CSU unter der Kanzlerschaft von Angela Merkel im Jahr 2015.

Diese vermeintlich „gemeinsame Haltung in der Asylpolitik" von CDU/CSU/SPD/FPD/Grüne hat sicherlich maßgeblich dazu beigetragen, nach „Alternativen" Ausschau zu halten. Dem Eindruck, dass alle demokratischen Parteien der Mitte im Grunde eine Zuwanderung aus dem Ausland mehr oder minder gutheißen – und zwar nicht die Zuwanderung qualifizierter Ingenieure und sonstiger volkswirtschaftlich wertvoller Arbeitskräfte –, um „Menschen aus aller Herren Länder" zu helfen, hat die politische Mitte viel Zustimmung gekostet – und in einer Demokratie sind das Wählerstimmen.

Blicken wir auf das Jahr 2015 zurück, in dem diese Entwicklung ihren Lauf nahm.

Wir schaffen das – die zweite Krise

„Wir schaffen das!", sagte die damalige Bundeskanzlerin Angela Merkel am 31. August 2015 in der Berliner Bundespressekonferenz im Hinblick auf die Flüchtlingslage in Europa.[61] Zu diesem Zeitpunkt konnte sie noch nicht ahnen, dass diese Worte ihr politisches Handeln über Jahre hinweg begleiten würden, dass sie nur wenige Tage danach ihr politisches Schicksal an nur einem Wochenende riskiert, dass das Thema ihren Nachfolger Olaf Scholz in den Jahren 2023/24 erneut einholen würde und dass es seitdem zu einem Entsetzen der demokratischen Kräfte über einen Rechtsruck in Deutschland führte. Damit verbunden stellte sich 2023/24 verstärkt die Frage, was überhaupt politisch „rechts" heißt, indem die Grenze zwischen „rechts" und „rechtsextrem" immer mehr verwischt wurde. Das politische „rechts" wurde zunehmend zum „Inbegriff des Übels": Wer die Migrations- oder – um ein anderes Themenfeld zu nehmen – auch nur die Klimapolitik der Regierung in Frage stellt, wird spätestens seit 2023 als „rechts" abgekanzelt, als ob „rechts" ein Schimpfwort sei. Ein Ursprung dieser Entwicklung geht auf das Jahr 2015 zurück.

Einsame Entscheidung der Kanzlerin

Am 4. September 2015, ein Freitag, besiegelte Bundeskanzlerin Angela Merkel ihre politische und ihre persönliche Zukunft. Spät in dieser Nacht traf sie eine einsame Entscheidung, die Deutschland spalten und einen politischen Ruck ins Nationale beschleunigen sollte, wie ihn die Bundesrepublik Deutschland nie zuvor erlebt hatte. Es war eine Entscheidung, die in weiten

Teilen der Bevölkerung erneut die Frage aufwarf: Wie viel Zuwanderung halten wir aus?

Daran schlossen sich viele weitere Fragen an: Was sind das für Menschen, die zu uns kommen? Woher kommen sie, was wollen sie hier? Gefährden sie unsere Sicherheit, sind potenzielle Attentäter darunter? Und über allem: Droht uns eine Überfremdung, wird unsere abendländische Kultur durch die überwiegend muslimischen Zuwanderer verdrängt?

Es war eine historische Entscheidung, die Angela Merkel 2015 traf, weil sie die Geschichte in ein Vorher und ein Nachher teilte.[62] Es markierte eine Zäsur in Merkels Kanzlerschaft und schon kurze Zeit später wurde sie als „Merkels Grenzöffnung“ bezeichnet, von manchen sogar als „Zweiter Mauerfall“. Die Bundeskanzlerin selbst sprach bald von einer „Ausnahme“. Ihre politischen Gegner propagierten den Slogan vom „Kontrollverlust“, von dem Tag, an dem der Staat die Kontrolle verlor.

Kontrollverlust des Staates

Eigentlich ging es dabei nicht nur um den Freitag, sondern um das Wochenende vom 4. bis 6. September 2015.[63] Die Geschichte begann auf dem Bahnhof in Budapest. Schon seit vier Tagen saßen dort etwa 3.000 Flüchtlinge im Untergeschoss des Bahnhofs fest. Viele von ihnen hatten sich Monate zuvor überwiegend aus dem Krieg in Syrien auf den Weg in Richtung Westen gemacht, um in Europa nach einem besseren Leben in Frieden zu suchen.

Diese Situation war im Grunde nicht neu, denn bis Mitte August 2015 wurden schon mehr als 150.000 Flüchtlinge in Ungarn registriert.

Die Lage veränderte sich allerdings, als eine Nachricht des Bundesamtes für Migration und Flüchtlinge (Bamf) am 25. August 2015 um 13:30 Uhr über Twitter (heute X) verschickt wurde. Darin teilte das Amt in 134 Zeichen mit, dass registrierte Flüchtlinge aus Syrien in Deutschland ab sofort anerkannt würden. Wörtlich hieß es: „#Dublin-Verfahren syrischer Staatsangehöriger werden zum gegenwärtigen Zeitpunkt von uns weitestgehend faktisch nicht verfolgt.“ Diesem Tweet ging am 21. August 2015 ein amtsinterner Vermerk voraus, mit folgender Überschrift: „Verfahrensregelung zur Aussetzung des Dublin-Verfahrens für syrische Staatsangehörige“, den die Regierungsdirektorin Angelika Wenzl im Bamf verschickte. Die Aussage lautete im Kern: Kein Syrer, der in Deutschland Asyl beantragt, wird in das Land zurückgeschickt, in dem er erstmals europäischen Boden betreten hat. Das zeigte nicht nur kurzfristig, sondern auch langfristig Wirkung: In das Jahr 2023 ist Deutschland mit über 923.000 Syrern gegangen, die hierzulande leben. Zum Vergleich: 2013 lebten etwa 40.000 Menschen aus Syrien in Deutschland.[64] Das ist weit mehr als eine Verzwanzigfachung innerhalb von zehn Jahren. Allein in der ersten Jahreshälfte 2023 kamen weitere 63.000 Asylsuchende aus Syrien in Deutschland an.[65] Zurück ins Jahr 2015 und die Twitter-Nachricht aus dem Bamf – mit der alles begann.

Diese damalige – nur für den internen Gebrauch verfasste – Anweisung gelangte in die Medien, verbreitete sich rasch und führte zu einer Welle von Anfragen. Daher sah sich die Pressestelle des Bamf am 25. August 2015 augenscheinlich genötigt, mit dem verhängnisvollen Tweet für Klarheit zu sorgen – jedoch ohne sich der weitreichenden Folgen bewusst zu sein.

Auf der Balkanroute, dem Fluchtweg der meisten Flüchtlinge über die Türkei, Griechenland, Mazedonien, Serbien, Kroatien und Slowenien, wurde die Nachricht als Einladung verstanden und verbreitete sich rasend schnell auf den Smartphones der Flüchtlinge. Zu diesem Zeitpunkt waren mehr als 100.000 Flüchtlinge zwischen Griechenland und Ungarn unterwegs. Viele – sehr viele – wollten angesichts der vermeintlichen Einladung aus Deutschland nicht mehr in Ungarn bleiben, sondern verständlicherweise nach Deutschland kommen, wo sie das Amt willkommen heißen sollte. Die Menschen auf der Flucht vor dem Krieg in Syrien zeigten ihre Smartphones mit der Twitter-Nachricht überall herum, auch den Polizisten und Ordnungskräften in Ungarn, wo sie festsaßen. Sie wollten weiter nach Deutschland und die Entfernung erschien ihnen gering, schließlich waren viele von ihnen schon etwa 3.000 Kilometer aus Syrien zu Fuß nach Ungarn gekommen. Der Tweet wurde indes nicht nur von den Menschen auf der Flucht gelesen. Schon am 3. September 2015 ließ Ungarns Ministerpräsident Viktor Orbán öffentlich verlauten, die Flüchtlingskrise sei kein europäisches, sondern ein deutsches Problem. Damit übernahm er eine politische Interpretation des amtlichen Tweets, die Schule machen sollte. Diese Anschauung vertrat er im Jahr 2023 im Grunde immer noch: Ungarn hat mit der offenen Flüchtlingspolitik der anderen EU-Länder nichts zu tun, die ungarischen Grenzen bleiben geschlossen.

Die damaligen Bilder vom Budapester Bahnhof zeigten 2015 verzweifelte Menschen, darunter viele Familien, die im Elend festsaßen, aussichtslos, zukunftslos, dem Schicksal preisgegeben. Viele von ihnen skandierten über Tage hinweg immer wieder „Germany!, Germany!, Germany!“ und auch „Merkel!, Merkel!, Merkel!“, um an die Einladung aus Deutschland zu erinnern. Am ungarischen Bahnhof formierte sich ein Marsch nach Westen. Die Erkenntnis „Wenn wir mindestens tausend Mann sind, kann uns niemand stoppen“ griff um sich. Über ein Megafon wurde die Parole „Wir marschieren! Wir marschieren!“ ausgegeben[66]

Derweil bestand der damalige Regierungssprecher Steffen Seibert in einer Pressekonferenz in Berlin darauf, Ungarn habe „die rechtlich verbindliche Pflicht“, die Flüchtlinge „ordnungsgemäß zu registrieren, zu versorgen und die Asylverfahren unter Beachtung der europäischen Standards in Ungarn selbst durchzuführen“. Er sagte: „Die Bundesregierung geht davon aus, dass Ungarn als Teil der westlichen Wertegemeinschaft seinen rechtlichen und seinen humanitären Verpflichtungen ebenso gerecht werden wird wie Deutschland“. Zu diesem Zeitpunkt waren die Worte im Grunde nur noch Makulatur – und sind es bis heute geblieben –, die ungarische Regierung hatte längst die Strategie begonnen, das Flüchtlingsproblem nach Deutschland weiterzureichen. Die rechtliche Situation oder humanitäre Bedenken kümmerten Ungarns Regierungschef Viktor Orbán nicht im Geringsten. Er sah sein Land angesichts der Flüchtlingswelle völlig überlastet, während Deutschland im Herzen Europas unbeirrt auf geltendes Recht pochte. Dieses sah vor, dass jeder Flüchtling in dem Land, in dem er erstmals europäischen Boden betritt, registriert, untergebracht und versorgt wird. Diese Regelung war natürlich überaus praktisch für die Bundesrepublik: Da Deutschland durchweg von EU-Staaten umgeben ist, kam hierzulande praktisch kein Flüchtling an, während die umliegenden Staaten mit einer EU-Außengrenze unter dem Ansturm litten. Man muss es nicht gutheißen, aber man konnte in dieser Situation möglicherweise verstehen, warum Ungarns Regierungschef die Chance ergriff, angesichts des Bamf-Tweets, der öffentlich verkündete, dass genau diese Rechtslage in der Bundesrepublik außer Kraft gesetzt werde, das Problem nach Deutschland zu verschieben. Das galt umso mehr, als diese Rechtslage faktisch im benachbarten Griechenland schon längst keine Beachtung mehr fand. Schließlich kamen die meisten Flüchtlinge, die in Ungarn einwanderten, aus Griechenland, hätten also eigentlich dort verbleiben müssen.

Der lange Marsch

Von derartigen rechtlichen und politischen Erwägungen ließen sich die Marschierer vom Budapester Bahnhof am 4. September 2015 sicherlich nicht leiten, sie wollten einfach weiter nach Westen. Nun grenzt Ungarn bekanntlich gar nicht an Deutschland, Österreich liegt dazwischen. Daher marschierte der Tross zunächst weiter in Richtung Wien, das rund 250 Kilometer von Budapest entfernt liegt.

Am Abend des 4. September 2015 wurde das österreichische Außenministerium vom ungarischen Botschafter in Wien offiziell darüber informiert, dass sich beinahe 1.000 illegal nach Ungarn eingereiste Flüchtlinge auf dem Weg nach Österreich befänden. Der damalige österreichische Bundeskanzler Werner Faymann war keineswegs gewillt, dass ungarische Problem zu einem Problem seines Landes zu machen. Es war klar, dass sich die Marschierer nur durch Gewalt stoppen lassen würden, und dass die dabei entstehenden Fernsehbilder um die Welt gehen würden. Sie würden zeigen, wie hochgerüstete Polizisten mit Gewalt gegen wehrlose Flüchtlinge vorgehen, die nichts anderes wollten, als ein menschenwürdiges Leben zu führen. Diese Bilder wollte Kanzler Faymann unter allen Umständen vermeiden und rief seine deutsche Amtskollegin Angela Merkel an. Ihm war wohl klar, dass Österreich allein den Flüchtlingszustrom nicht bewältigen konnte. Deutschland musste seine Grenze ebenfalls öffnen, um eine Chance zu haben, den Ansturm in geordnete Bahnen zu leiten, soweit das überhaupt möglich war.

Nächtlicher Telefonmarathon

Kanzler Faymann schilderte Kanzlerin Merkel die Lage am Telefon eindringlich. Er sprach von einer Notsituation, von den verheerenden Bildern von der Autobahn, von Gewalt und Tod. Zu diesem Zeitpunkt wurde Angela Merkel wohl klar, dass Deutschland nicht einfach die Grenzen dichthalten kann, den Marsch der Flüchtlinge nicht an der deutschen Grenze mit Gewalt stoppen kann.

Mit dem damaligen Außenminister und späteren Bundespräsidenten Frank-Walter Steinmeier sprach sie ab, 7.000 bis 8.000 Flüchtlinge vom Budapester Bahnhof nach Deutschland zu holen. Das Außenministerium prüfte die rechtliche Situation und gelangte im Laufe des Abends zu der Einschätzung, das geltende europäische Recht sehe ein „Selbsteintrittsrecht“ der Vertragsstaaten vor. Anders ausgedrückt: Wenn ein EU-Staat will, kann er beliebig viele Flüchtlinge ins Land lassen. Damit schien die juristische Grundlage für eine von Merkels weitreichendsten Entscheidungen ihrer Kanzlerschaft geschaffen.[67]

Vorwurf des Rechtsbruchs

Noch Jahre später sah sich Angela Merkel wegen dieser Nacht dem Vorwurf des „Rechtsbruchs“ ausgesetzt. Dabei ging es aber weniger um eine juristische Bewertung, wie das Wort „Rechtsbruch“ nahelegt, als vielmehr um eine politische Dämonisierung dieser Nacht im September 2015, die weit über das Jahr 2023, in dem das vorliegende Buch erscheint, hinausgeht.

Die österreichische Nachrichtenagentur APA meldete 2015: „Österreich und Deutschland erlauben aus Ungarn kommenden Flüchtlingen die Weiterreise in ihre Länder.“ Haufenweise trafen Busse bei dem Flüchtlingstross auf der Autobahn bei Budapest ein. Die Menschen stiegen ein, die Busse fuhren los. Wie viele es waren und um wen es sich handelte, blieb völlig unklar. Kurz vor 4 Uhr trafen die ersten Busse bei Regen am österreichischen

Grenzübergang Nickelsdorf ein. Die Menschen mussten in Ungarn aussteigen und zu Fuß über die Grenze laufen. Sie hatten bis dahin eine lange Fluchtstrecke hinter sich gebracht, waren müde, hungrig und für die Temperaturen unzureichend gekleidet, viele trugen nur Flipflops. An eine Registrierung der Ankommenden war nicht zu denken. Es ging nur darum, den Menschen zu helfen und sie zum Westbahnhof in Wien weiter zu transportieren. Neben den Flüchtlingen aus den Bussen trudelten Hunderte weiterer Afghanen, Iraker, Somalis und Syrer ein, die von privaten Helfern mit Autos zum Bahnhof gebracht wurden.

Am nächsten Vormittag sagte der FPÖ-Abgeordnete Christian Hafenecker beschwörend: „In unserem Land befinden sich tausende Menschen, von denen weder bekannt ist, wer sie sind, woher sie kommen, noch, was ihr Fluchtgrund ist. Dabei droht die Terrormiliz `Islamischer Staat´ immer wieder, Kämpfer in die Masse der Flüchtlinge nach Europa zu schleusen." Der österreichische Politiker formulierte damit eine Befürchtung, die in den nächsten Tagen, Wochen, Monaten und Jahren auch weite Teile der deutschen Bevölkerung beschlich.

Es war ein Argument, dem man nur schwerlich beikommen konnte: Niemand wusste, wer in dieser Nacht und am ganzen Wochenende einreiste. Es gab keinerlei Grenzkontrollen. Und daraus nährte sich die These vom Kontrollverlust des Staates. Aus der Entscheidung zur Hilfe in einem humanitären Notfall, wie Angela Merkel die Lage in dieser Nacht einschätzt, wurde ein Politikum, das die Nation spaltete.

Ausnahme der offenen Grenzen

Angela Merkel ahnte zu diesem Zeitpunkt wohl schon die Brisanz ihrer nächtlichen Entscheidung. Jedenfalls erschien sie nicht persönlich vor den Fernsehkameras, sie äußerte sich nicht selbst der Presse gegenüber, sondern überließ es ihrem damaligen Kanzleramtschef und ihrem Pressesprecher, die Öffentlichkeit zu informieren; der damalige Innenminister Thomas de Maizière meldete sich krank.

In den Erklärungen der Bundesregierung stand ein Begriff im Mittelpunkt, es war das Wort „Ausnahme". Mit der „Ausnahme" sollte signalisiert werden, dass der unkontrollierte Zustrom von Flüchtlingen keineswegs zur Regel werden sollte. Das Wort ist aber in seiner Bedeutung auch unscharf genug, um künftig weitere Ausnahmen zulassen zu können. „Ausnahme" heißt nicht „einmalig", sondern „selten", es lässt ein „hin und wieder" zu.

Zu diesem Zeitpunkt am Samstagabend war sich die CSU in ihrer Ablehnung dieser „Politik der ausnahmsweise offenen Grenzen" einig. Die Entscheidung der Kanzlerin wurde als falsch eingestuft, man hatte Angst vor einer „zusätzlichen Sogwirkung". Das Argument: In dieser Nacht und an diesem Wochenende sandte die deutsche Bundesregierung in alle Welt das Signal: Flüchtlinge sind in Deutschland willkommen. Keiner wird außen vorgelassen. Man muss nur an die deutsche Grenze gelangen, um eingelassen und mit dem Notwendigsten versorgt zu werden. Doch innerhalb der Union aus CDU und CSU konnte sich die Kritik an der damaligen „Politik der offenen Grenzen" nicht durchsetzen. Jahre später, 2023, holte diese Haltung die CDU/CSU insofern ein, als ihr eine starke Mitschuld, wenn nicht die Hauptschuld an einer Überfremdung Deutschlands zugeschoben wurde, so dass sie sich kaum als ein überzeugender Gegenentwurf zur Politik der Ampel-Koalition aus SPD, FDP und Grünen inszenieren konnte. Selbst die damalige Forderung „Wenn die Grenzen aus humanitären Gründen schon offen sind, dann muss es doch wenigstens eine Obergrenze bei denjenigen geben, die wir ins Land lassen, weil wir nicht die ganze Welt in

Deutschland aufnehmen können“ verhallte ungehört im politischen Getöse.

Ziel: Obergrenze

Als sich am Sonntagabend des „Flüchtlings-Wochenendes“, also am 6. September 2015, die wichtigsten Politiker der damaligen Regierungskoalition im achten Stock des Kanzleramtes trafen, war allerdings von einer Obergrenze noch gar nicht die Rede. Niemand ahnte, dass künftig täglich zwischen 6.000 und 8.000 Flüchtlinge nach Deutschland kommen würden. Es war noch kaum absehbar, dass die Frage, wie viele Flüchtlinge Deutschland oder genauer gesagt die Bevölkerung Deutschlands verkraftet, zu einer Schicksalsfrage für die Demokratie entwickeln wird. An diesem Wochenende hofften die Teilnehmer der Sitzung noch auf eine europäische Antwort. Wörtlich hieß es im Protokoll des Koalitionsausschusses: „Vor allem brauchen wir auch innereuropäische Solidarität und eine gemeinsame Asyl- und Flüchtlingspolitik der Europäischen Union“. Es sollte ein Wunschdenken bleiben. Das Erstarken der nationalistischen Kräfte in beinahe allen Staaten der Europäischen Union hatte überall im Wesentlichen eine Triebfeder, nämlich den Ruf nach Abschottung vor augenscheinlich ausufernden Flüchtlingsströmen, die Angst vor der Überfremdung und auch die Angst vor Terror. Schon 2015 entstand der Eindruck, dass Deutschland die Hauptlast der Flüchtlingswelle trägt. Daran änderte sich auch nichts, als sich die Lage in den Folgejahren etwas entspannte.

2018 wurde die im damaligen Koalitionsvertrag vereinbarte Obergrenze für die Zuwanderung von 180.000 bis 220.000 Menschen pro Jahr nicht einmal erreicht. Die Anzahl der in Deutschland gestellten Erstanträge auf Asyl war demnach im Vergleich zum Vorjahr um 16 Prozent gesunken. 2017 hatte es noch rund

198.000 Asylerstanträge gegeben. Politisch war das allerdings zu diesem Zeitpunkt kaum noch von Bedeutung, der Eindruck der unkontrollierten Überfremdung der Republik ließ sich nicht mehr mit Zahlen zurückdrehen. Sehr wohl ließ er sich aber damit anstacheln: Rund ein Fünftel der 2018 in Deutschland gestellten Asylanträge (30.000) entfiel nämlich auf in Deutschland geborene Babys von Flüchtlingen und Migranten. Sie wurden wie ihre Eltern als Erstantragsteller auf Asyl registriert.[68] Die Befürchtung, dass die hohe Geburtenrate der nach Deutschland Gekommenen binnen weniger Generationen das Land „überfluten" werde, schien Anfang 2019 gerechtfertigter als je zuvor – und ist auch 2024 und danach kaum von der Hand zu weisen.

2020/21 ging die Migration nach Europa und auch nach Deutschland deutlich zurück[69] – allerdings weniger wegen geeigneter politischer Maßnahmen, sondern bedingt durch die Reise- und die sonstigen Beschränkungen aufgrund der grassierenden Pandemie. Das änderte sich schlagartig 2022: In diesem Jahr fanden 1,2 Millionen Menschen den Weg nach Deutschland, vor allem aus der Ukraine wegen des dort herrschenden Krieges.

Es kommen überwiegend junge Männer

Doch es geht nicht nur um die bloßen Zahlen, sondern auch um die Frage, wer ins Land kommt. Unter den Asylbewerbern, die zwischen Januar und Mai 2023 in Deutschland einen Antrag gestellt haben, waren nur etwa 28 Prozent Mädchen und Frauen. In der Altersgruppe der 16- bis 18-Jährigen gab es mit nur rund 14 Prozent den geringsten Frauenanteil. Die Flüchtlinge waren im Durchschnitt sehr jung: Rund 72 Prozent der Asylbewerber, die zwischen Januar und April 2023 einen Antrag gestellt haben, waren unter 30 Jahre alt. Minderjährige machten etwa 31 Prozent der Asylbewerber. Mit anderen Worten: Es sind überwiegend junge Männer, die nach Deutschland kommen. Das war 2023 indes keine neue Erkenntnis. Schon 2015 waren drei Viertel der nach Deutschland gekommenen Flüchtlinge männlich. Gut zwei Drittel (68 Prozent) waren jünger als 33 Jahre alt.[70]

Es war und ist diese Gruppe junger Männer, die bis heute entscheidend das negative Bild der Flüchtlinge in den Augen vieler Deutscher prägt, weil deren Straftaten immer wieder für Entsetzen sorgen, wie an anderer Stelle in diesem Buch noch festzustellen sein wird.

Fair oder naiv

Mag man Angela Merkels einsame Entscheidung in der Nacht vom 4. auf den 5. September 2015 noch mit Humanität rechtfertigen. Ihr monate- und jahrelanges Festhalten an der Suche nach einer europäischen Lösung war wohl unzweifelhaft als ein politischer Kardinalfehler einzustufen. In einer Zeit, da sich in immer mehr Staaten Europas die Sorge vor Überfremdung und Terror im eigenen Land breitmachte, setzte Deutschland in der Flüchtlingsfrage auf Ausgleich, Harmonie und Verständnis. Man kann das als fair bezeichnen, man kann es aber auch naiv nennen. Nur wenige Tage nach dem Chaos-Wochenende, am 15. September 2015, verkündete Ungarn die Schließung der Südgrenze des Landes. Das zuvor häufig angestrebte Zielland Schweden änderte seine Politik im Herbst 2015 rigoros und ließ kaum noch Flüchtlinge ins Land. Österreich beschloss im Januar 2016 die Einführung einer Obergrenze. Während Deutschland zum vermeintlichen Flüchtlingsparadies wurde, schotteten sich viele andere EU-Länder rigoros ab. So vereinbarten Beamte der Innenministerien Sloweniens, Serbiens, Mazedoniens und Griechenlands Maßnahmen zur Verlangsamung, Steuerung und Kontrolle des Migrantenstroms sowie ein einheitliches System zur Identifizierung der Durchreisenden und eine gemeinsame Datenbank.[71] Mazedonien begann zu dieser Zeit mit der Errichtung eines Grenzzauns an seiner Grenze zu Griechenland.[72] Im Februar 2016 begann der Bau eines zweiten Grenzzaunes. Die östlichen EU-Länder Tschechien, Polen, Ungarn und die Slowakei beschlossen ungefähr zeitlich ebenfalls, die Balkanroute stärker gegen Flüchtlinge abzuriegeln. Sie sagten zudem Mazedonien und Bulgarien praktische Unterstützung bei der Grenzsicherung zu.[73] Dieses Vorgehen der Balkanstaaten war von EU-Beschlüssen gedeckt.

Das waren alles klare politische Signale, die die damalige deutsche Bundeskanzlerin nicht sah, vermutlich nicht sehen oder jedenfalls nicht wahrhaben wollte. Es ist wohl nicht übertrieben, angesichts dieses Ausmaßes an politischer Blindheit von einem historischen Fehler zu sprechen.

Es mag schon sein, dass Merkels nächtliche Entscheidung am 4. September 2015 alternativlos war. Der in Ungarn entstandene Druck durch Tausende von Flüchtlingen, die in einem Treck auf Autobahnen und an Bahngleisen entlang nach Westen marschierten, ließ möglicherweise tatsächlich keine andere Entscheidung zu. Obgleich sich auch darüber durchaus streiten lässt. Aber zu dem beinahe schon verzweifelten Ringen um eine europäische Lösung hätte es mit Sicherheit mehr als eine Alternative gegeben. Doch obgleich es offensichtlich war, dass die anderen Ländern Europas nicht mitziehen wollten und sich abschotteten, riegelte Deutschland selbst nicht ab – auch nicht, als es zu schweren Anschlägen und Ausschreitungen kam.

Die islamistisch motivierten Anschläge am 13. November 2015 in Paris, bei denen 130 Menschen den Tod fanden, und die sexuellen Übergriffe in der Silvesternacht 2015/16 in Köln, für die die Polizei „Täter aus dem arabischen und nordafrikanischen Raum“

verantwortlich machte, unterfütterten die These von der Überfremdung, der Gefährdung und dem Terror durch die Merkel-Politik.

Die Nacht der Zäsur am Kölner Dom

Die Nacht des Jahreswechsels 2015/16 in Köln stellte nicht nur für Deutschland eine Zäsur dar. In diesen letzten Stunden des 31. Dezember 2015 versammelten sich mehr als 1.000 Männer zwischen 15 und 35 Jahren rund um den Kölner Dom, die offensichtlich aus dem afrikanischen oder arabischen Raum stammten. Sie wurden von der Polizei „Nafris" genannt als Abkürzung für Nordafrikaner, und waren laut Polizeibericht „stark alkoholisiert" und „völlig enthemmt und aggressiv". Frauen wurden von den „Nafris" zuhauf umringt, sexuell belästigt, genötigt, beleidigt und ausgeraubt. Später wurden rund 1.200 Strafanzeigen überwiegend gegen Unbekannt gestellt. 213 Polizisten waren vor Ort, doch es gelang ihnen nicht, die angegriffenen Frauen zu schützen. Immerhin konnte die Polizei teilweise die Personalien der Angreifer feststellen: Die überwiegende Anzahl wies sich durch eine Meldebescheinigung des Bundesamts für Migration als Asylsuchende aus. Insgesamt wurden 290 Verdächtige ermittelt, vor allem Algerier, Marokkaner und Iraker; nur 37 von ihnen wurden verurteilt, davon sechs wegen sexueller Nötigung. Sie wurden zu einem Jahr Jugendstrafe auf Bewährung verurteilt.[74]

Wenn es noch eines Beweises bedurft hätte, dass durch die Migration Menschen zu uns kommen, die unsere Kultur völlig missachten, die eine Gefahr für uns darstellen, und denen unsere Polizei und unsere Gerichtsbarkeit hilflos gegenüberstehen, dann war es die Silvesternacht 2015/16. Genau ein Jahr später war die Polizei mit einem deutlich größeren Aufgebot am Kölner Dom präsent; Männer, die afrikanisch oder arabisch aussahen, wurden präventiv zuhauf kontrolliert, damit Silvester 2016/17 ruhiger wurde als im Vorjahr. Prompt sah sich die Polizei des Vorwurfs des „Racial Profiling" ausgesetzt, weil sie sich bei ihren Kontrollen und Ermittlungen von der Hautfarbe leiten ließ. Das war für weite Teile der deutschen Bevölkerung unfassbar: Die Situation war 2015/16 offensichtlich eskaliert, die Polizei hatte zeitweise die Kontrolle verloren, und sie durfte ein Jahr später nicht gezielt dagegen angehen. Die Schlussfolgerung: Wir haben die Kontrolle verloren und sind „dumm" genug, uns der „Political Correctness" wegen auch weiterhin nicht zu wehren. Zudem hieß es in der Presseerklärung der Kölner Polizei vom 13. Januar 2017: „Für die Beantwortung von Fragen, die sich nicht mit polizeilichen Möglichkeiten beantworten lassen, hat die Arbeitsgruppe Kontakt zu Gewaltforschern und Islamwissenschaftlern aufgenommen."[75] Mit anderen Worten: Die Täter gehörten überwiegend dem Islam an, es war also sozusagen „der Islam", der Deutschland überfallen hatte. Der gesellschaftlichen Befriedung diente diese Erkenntnis sicherlich nicht. Es sind zweifelsfrei diese Ereignisse rund um den Kölner Dom, bei denen der Kontrollverlust des Staates und der Duktus „man darf nicht offen darüber reden" zusammenfielen, die ins kollektive Bewusstsein eingedrungen sind und bis heute fortwirken. Wer sich 2023 über Umfragen beklagt, in denen die politischen Parteien der Mitte abgestraft wurden, der sollte sich an die Silvesternacht 2015/16 erinnern – weite Teile der Bevölkerung sind diese Exzesse nämlich ebenfalls noch in unguter Erinnerung.

Die eigene Zerstrittenheit und die Regierungsdominanz in den Coronajahren 2020/21/22 ließen das Thema Migration in der politischen Landschaft Deutschlands dahinschwinden. Doch es war damit keineswegs vom Tisch, sondern bestimmt seit 2023 erneut maßgeblich die politischen Diskussionen nicht nur in Deutschland, sondern überall in Europa.

Als im Sommer 2023 im Nachbarland Frankreich eine Welle der Gewalt ausbrach, die überwiegend von jungen Männern mit arabischem Aussehen getragen wurde, war dies als eine Warnung zu verstehen, was passieren kann, wenn man ein Land fremden „Kulturen" überlässt. Unter „Allahu Akbar"-Rufen griffen die Randalierer überall in Frankreich Rathäuser, Schulen und Polizeistationen an, attackierten Passanten, plündern Geschäfte und zündeten Autos an. Die fehlgeleitete Migration entzündete sich in einem Inferno.[76]

Wer sich über das gleichzeitige Erstarken nationaler politischer Kräfte auch in Deutschland wunderte, der hat das Prinzip von Ursache und Wirkung offensichtlich nicht verstanden. Und die Ursachen für die Folgen der ungezügelten Migration – vom Mob auf der Straße bis zu politischen Gegenbewegungen – liegen zu einem Großteil im Jahr 2015.

Non-Papers zur Grenzschließung

Um dem ungebremsten Zustrom von Asylanten Einhalt zu gebieten, entwarfen die Spitzenbeamten aus dem Bundesinnenministerium schon im Herbst 2015 einen Plan. Sie prüften vor allem, welche rechtliche Handhabe existierte, Menschen abzuweisen, die über die Balkanroute und über Österreich nach Deutschland strebten. In einem sogenannten Non-Paper mit dem Titel „Möglichkeit einer Zurückweisung von Schutzsuchenden an deutschen Grenzen" kamen sie zu dem Schluss, dass durchaus rechtliche Möglichkeiten existieren, die Grenze entlang der Balkanroute zu schließen.[77] Mit dem Begriff „Non-Paper" wurde ausgedrückt, dass ein solches Geheimpapier niemals an die Öffentlichkeit gelangen sollte. „Die Entscheidung, im Falle eines Asylgesuches an der Grenze – unter Verzicht auf die bis dahin notwendigen Einreisevoraussetzungen wie Erfüllung der Passpflicht und Visum – die Einreise zu gestatten, war nicht rechtlich geboten, sondern politisch gewollt", urteilte der CDU-Politiker Wolfgang Bosbach über die Verhältnisse im Jahr 2015.[78]

Als die Non-Papers gegen Ende 2018 teilweise publik wurden, kam es zu Forderungen nach einem parlamentarischen Untersuchungsausschuss.[79] Doch politisch half eine juristische Aufarbeitung der Vergangenheit nicht mehr.

Das gilt wohl auch für einen anderen politischen Weg, der weniger von Deutschland als vielmehr von der EU beschritten wurde: der Flüchtlingsdeal mit der Türkei.

Flüchtlingsdeal mit der Türkei

Im März 2016 wurde ein EU-Türkei-Abkommen unterzeichnet – auch als „Flüchtlingsdeal" oder „Flüchtlingspakt" bezeichnet – um den Flüchtlingsstrom über die Türkei in die Europäische Union zu stoppen. Im Wesentlichen wurde vereinbart:

Alle neuen „irregulären Migranten" – das Wort „illegal" wurde der UNO-Sprachdoktrin folgend zunehmend durch „irregulär" ersetzt –, die auf den griechischen Inseln ankamen und die kein Asyl beantragten oder deren Antrag als unbegründet oder unzulässig abgelehnt wurde, wurden auf Kosten der Europäischen Union in die Türkei zurückgebracht. Bei der Abschiebung sollten die Bestimmungen des Völkerrechts und des EU-Rechts in vollem Umfang eingehalten werden. Nach Registrierung der Migranten wurden ihre Asylanträge auf Einzelfallbasis bearbeitet; jede Art von Kollektivausweisung wurde ausgeschlossen.

Für jeden Syrer, der von den griechischen Inseln in die Türkei zurückgebracht wurde, sollte ein anderer syrischer Flüchtling aus der Türkei in die EU umgesiedelt werden, lautete die sogenannte 1:1-Neuansiedlungsregelung. Zu der Neuansiedlung von international Schutzsuchenden verpflichteten sich bereits im Juli 2015 mehrere EU-Länder. Die daraus verbliebenen 18.000 Plätze sollten für Neuansiedlungen von Migranten aus der Türkei zur Verfügung gestellt werden. Zusätzlichen Bedarf wollte man mit einer ähnlichen freiwilligen Vereinbarung für bis zu 54.000 weitere Personen decken. Die Türkei sollte alle erforderlichen Maßnahmen ergreifen, um neue See- oder Landwege für die irreguläre Migration aus der Türkei in die EU zu verhindern.

Es war offensichtlich, dass die Türkei nicht etwa aus humanitären Gründen handelte, sondern um die Staatskasse mit EU-Geldern zu füllen. So beschleunigte die EU die Auszahlung der bereits im Aktionsplan vom November 2015 im Rahmen der „Fazilität für Flüchtlinge in der Türkei" zugewiesenen drei Milliarden Euro. Mit den Fazilitätsmitteln sollten konkrete Projekte für Flüchtlinge, insbesondere Projekte in den Bereichen Gesundheit, Bildung, Infrastruktur, Lebensmittelversorgung und weitere Lebenshaltungskosten finanziert werden. Sobald dieses Geld vollständig ausgegeben worden war, sollten weitere drei Milliarden Euro bis Ende 2018 fließen. Die Milliardenzahlungen brachten dem „Deal" den Ruf ein, die EU wolle sich mit Geld an die Türkei vom Flüchtlingsstrom freikaufen. Der Vorwurf wog umso stärker, als die Türkei zu dieser Zeit schon länger dabei war, sich von rechtsstaatlichen Prinzipien zu verabschieden.

Doch es ging der Türkei nicht nur um die Finanzen, sondern auch darum, sich politische Vorteile bei einer möglichen Aufnahme in die EU zu verschaffen. So wurde der Beitrittsprozess der Türkei zur Europäischen Union wieder belebt, indem während der niederländischen Präsidentschaft des EU-Rats das Kapitel 33 (Finanzen- und Haushaltsbestimmungen) eröffnet wurde. Die notwendigen vorbereitenden Arbeiten für die Eröffnung weiterer Kapitel sollten beschleunigt fortgesetzt werden. Dieser Aspekt löste scharfe Kritik aus. Der Vorwurf: Die Türkei setzte Europa unter Druck, um die Aufnahme in die EU zu erzwingen oder jedenfalls zu beschleunigen. Das war Wasser auf die Mühlen derjenigen Mahner, die eine Erweiterung der Europäischen Union um die Türkei grundsätzlich ablehnten, weil sie die Türkei einem anderen nicht-europäischen Kulturkreis zurechneten. Die Erweiterung der EU durch die Türkei, während gleichzeitig Großbritannien die Europäische Union verließ, stellte in der Tat ein Alarmsignal für eine völlig verkehrte Entwicklung dar.

Sekundärmigration: Weiterreise ins Paradies

Ausgehend von der missglückten vermeintlichen Einladung an die Marschierer aus Ungarn im Jahr 2015 erwarb sich Deutschland binnen weniger Jahre einen Ruf als „Paradies für Flüchtlinge“, der bis ins Jahr 2023 anhielt. Die von der deutschen Bevölkerung eingeforderte „Willkommenskultur“ kam nicht nur in Deutschland an, sondern auch in vielen anderen Ländern, in denen sich die Menschen auf den Weg in eine neue Heimat begaben. Das Ziel wurde immer öfter nicht Europa allgemein, sondern ganz spezifisch Deutschland. Wie schon im verhängnisvollen Frühherbst 2015 hat die deutsche Politik über Jahre hinweg das Kommunikationsnetz der Migration beinahe völlig außer Acht gelassen. Dabei sind die Flüchtlinge über Smartphones stets aktuell informiert und gut vernetzt. Wer wollte es ihnen verübeln, dass sie dank moderner Digitaltechnik das für sie und ihre Familien beste Land aussuchen und zielstrebig darauf zusteuern. Und dazu hat sich nun einmal im Laufe weniger Jahre Deutschland entwickelt mit einer Politik entlang dem Motto „im Zweifel für die Ankommenden“ (wenn etwa jemand seine Identität nicht nachweisen kann), mit einer Bleibeperspektive und Duldungspolitik beinahe unabhängig vom Rechtsanspruch, mit einer oktroyierten Willkommenskultur, die die Ankommenden in vielen Belangen wichtiger als die eigene Bevölkerung einstuft (etwa bei der Vergabe von Sozialwohnungen), mit einer großzügigen finanziellen Unterstützung, durch die der deutsche Staat für ein Leben aufkommt, das in den Herkunftsländern in der Regel als außergewöhnlicher Luxus gilt. Deutschland hat sich binnen weniger Jahre zu einem Magneten für Menschen aus aller Welt entwickelt, die sich nach einem besseren Leben sehnen. Den gut vernetzten Migranten wurde das zügig klar, der deutschen Politik augenscheinlich weniger.

Damit sind wir beim Thema der Sekundärmigration in der EU, die seit 2020 zunimmt. Und das geht so: Die Flüchtlinge lassen sich zunächst in ihrem Ankunftsland – beispielweise Griechenland – anerkennen und wechseln im nächsten Schritt in ein EU-Land, das ihnen attraktiver erscheint, zum Beispiel Deutschland.

2021 stellten zeitweise rund 1.000 Personen pro Monat Asylanträge beim Bundesamt für Migration und Flüchtlinge, die längst in Griechenland den Status der Schutzberechtigung erhalten hatten. Sie reisten dazu aus Griechenland kommend nach Deutschland ein und blieben in der Regel auch gleich im Land – unabhängig vom Ausgang ihres Verfahrens. Insbesondere an Samstagen waren regelmäßig Reisegruppen von Athen nach Warschau mit dem Flugzeug unterwegs, um dann von der polnischen Hauptstadt nach Deutschland zu kommen. Insgesamt reisten rund 7.100 in Griechenland anerkannte Flüchtlinge 2020 nach Deutschland ein, ließ das Bamf verlaufen. Ihre Anträge wurden nicht bearbeitet, aber zurückgebracht wurden sie auch nicht. Nach Griechenland abgeschoben werden konnten sie nicht, weil ihnen – so ein Urteil des nordrhein-westfälischen Oberverwaltungsgerichts im Januar 2021 – dort (also in Griechenland)

„die ernsthafte Gefahr einer unmenschlichen und erniedrigenden Behandlung“ drohte. Eine „beträchtliche Zahl“ Schutzberechtigter sei dort obdachlos. Auch fänden Flüchtlinge nur schwer Arbeit.[80]

Mit anderen Worten: Griechenland, häufig als Wiege der Demokratie apostrophiert, seit 1981 Mitglied der Europäischen Gemeinschaft, das Land, das über die Jahre hinweg rund 278 Milliarden Euro aus unterschiedlichen EU-Kassen zur Stabilisierung seiner Wirtschaft erhalten hat, eines der beliebtesten Reiseziele deutscher Touristen – dieses Land ist für Asylsuchende unzumutbar.

Die Bundespolizei teilte dazu mit: „Durch diese Gerichtsentscheidung ist ein erheblicher neuer Pull-Faktor entstanden.“ Die Information „dürfte sich auch bei weiteren Flüchtlingen und Migranten in Griechenland in naher Zukunft verbreiten“. Schon wegen der „in Griechenland für Schutzberechtigte bestehenden Lebensbedingungen“ stufte die Bundespolizei die „Sekundärmigration“ nach Deutschland „in der Tendenz zunehmend“ ein.[81]

Diese Form der Weiterreise der Flüchtlinge von Griechenland nach Deutschland war 2023 immer noch legal. Allerdings dürfen sie sich laut Gesetzeslage nicht länger als ein Vierteljahr pro Halbjahr in Deutschland aufhalten. Tatsächlich kehren wohl die meisten von ihnen nie mehr zurück. Wer angesichts solcher Absurditäten Wut im Bauch ansammelt über deutsche Migrationspolitik, der muss sich gefallen lassen, als „rechts“ oder noch schlimmer eingestuft zu werden. Wer diese Verhältnisse auch nur thematisiert, sieht sich zumindest in der medialen Öffentlichkeit rasch als „ausländerfeindlich“ stigmatisiert. Doch die Erfahrung ist: Im privaten Umfeld, in dem offener und ohne Verächtlichmachung diskutiert werden kann, wird genau dieses Thema sehr häufig angesprochen – und das selten als Loblied auf die Politik der Bundesregierung über all die Jahre und unterschiedliche Parteien hinweg.

Syrischer Oberleutnant

In der Öffentlichkeit waren es vor allem die Einzelfälle, die immer wieder für Kopfschütteln sorgten. Dazu gehörte der Fall des rechtsextremen Franco A. – einem deutschen Bundeswehrsoldaten im Range eines Oberleutnants, dem als angeblichem syrischem Flüchtling Asyl gewährt wurde. Der Deutsche hatte sich Ende 2015 in einer Flüchtlingsunterkunft in seiner Heimatstadt Offenbach gemeldet und angegeben, er sei ein syrischer Flüchtling, der über die Balkanroute gekommen und zwei Tage zuvor in Deutschland eingereist sei. Und er wurde tatsächlich von den Behörden anerkannt, während er zeitgleich als Berufssoldat im Jägerbataillon 291 in der deutsch-französischen Brigade im französischen Illkirch bei Straßburg stationiert war. Es ist bis heute unbegreiflich, wie es Franco A., der kaum ein Wort arabisch sprach, schaffte, als Asylbewerber in Deutschland anerkannt zu werden.[82]

„Ich konnte es erst gar nicht glauben", gestand Christian Gramm, der Chef des Militärischen Abschirmdienstes (MAD) im Jahr 2017. Es waren übrigens österreichische Behörden, die den Berufssoldaten mit einem Doppelleben als Flüchtling im Februar 2017 am Wiener Flughafen fassten, als er eine Waffe samt Munition abholen wollte. Die Bundesanwaltschaft ging davon aus, dass Franco A. mit dieser und weiteren Waffen aus Bundeswehrbeständen Anschläge auf „das Leben hochrangiger Politiker und Personen des öffentlichen Lebens" plante, die er für besonders „flüchtlingsfreundlich" hielt. Auf seiner Liste befanden sich der damalige Justizminister Heiko Maas und die Bundestagsvizepräsidentin Claudia Roth. Diese Anschläge wollte Franco A.

augenscheinlich seiner Identität als syrischer Flüchtling zurechnen lassen, um den Eindruck zu erwecken, ein in Deutschland aufgenommener Syrer wolle die bundesdeutsche Politprominenz umbringen.[83] 2019 wurde die Anklage gegen Franco A. wegen „Vorbereitung einer schweren staatsgefährdenden Gewalttat" zugelassen, 2021 startete der Prozess, im Sommer 2022 wurde er zu fünfeinhalb Jahren Gefängnis verurteilt.[84]

Das war natürlich ein geradezu kurioser Einzelfall. Doch er stand gleichermaßen exemplarisch dafür, wie leicht man eine Anerkennung als Flüchtling erreichen kann, wie auch für die zunehmende Verrohung in der Auseinandersetzung. Es war ein himmelschreiendes Beispiel, wie leicht die illegale Migration ist – und damit in den Augen vieler eben doch weit mehr als ein Einzelfall.

Illegale Migration deutlich unterschätzt

Etwa 460 Menschen stellten gemäß einem Bericht der EU-Kommission im Jahre 2018 täglich einen Asylantrag in der Bundesrepublik Deutschland.[85] Der Ansturm war aber deutlich größer, als die offizielle Statistik glauben machen ließ, fördert ein interner Bericht der EU-Kommission zutage, der im Spätsommer 2018 an die Öffentlichkeit gelangte. Das EU-Papier ging davon aus, dass das Ausmaß der illegalen Migration deutlich unterschätzt wird – und dies war der Bundesregierung sehr wohl bekannt. Wörtlich hieß es in dem Bericht der EU-Kommission: „Deutschland nimmt an, dass die tatsächlichen Zahlen zur irregulären Migration höher sind als jene, die durch die vorliegenden Daten dargestellt werden."

Das Bundesinnenministerium drückte sich um eine Antwort weitgehend herum. In der Tat ließen Erkenntnisse der Polizei den Schluss zu, „dass illegale Migration nach Deutschland zum Teil auch im sogenannten Dunkelfeld erfolgt". Aussagen über die Größenordnung seien allerdings „seriös nicht möglich". Das hat sich mit Stand 2023 nicht wesentlich geändert. Zwar wurden von Anfang des Jahres bis zum Mai 2023 mehr als 130.000 „illegale Grenzübertritte" in die EU registriert. Aber in dieser Statistik sind nur diejenigen erfasst, die sich ohne gültige Einreisepapiere erwischen lassen.[86] Blicken wir noch einmal zurück ins Jahr 2018.

Bamf: Asylanten ohne Asylgrund

Rückschauend sagte der Präsident des Bundesamts für Migration und Flüchtlinge, Hans-Eckhard Sommer, über das Jahr 2018: „Wir haben im vergangenen Jahr 162.000 Asylanträge registriert. Das ist vergleichbar mit einer Großstadt, die jährlich zu uns kommt." Er sagte, dass „zu viele Menschen ohne Asylgrund einreisen". Mehr als die Hälfte, genau 54 Prozent, legten keine Ausweispapiere vor, etwa ein Drittel davon kam mit dem Flugzeug. Lediglich 35 Prozent erhielten einen Schutzstatus. Sommers Fazit: „Wir sehen also ganz deutlich, dass viele Menschen hierherkommen, ohne einen Asylgrund zu haben."[87]

2018 ist lange her, was haben diese Zahlen in einem Buch verloren, das im Jahr 2023 erscheint, könnte man fragen. Die Antwort ist vielschichtig. Ein Gros der Asylsuchenden – mit und ohne Grund, offiziell oder „im Dunkeln", mit und ohne Anerkennung – lebt sicherlich heute noch in Deutschland. Über die tatsächliche Anzahl der Personen, die sich in Deutschland unberechtigterweise aufhalten, gibt es nur Schätzungen.

2014 sollen es zwischen 180.000 und 520.000 Personen gewesen sein, die in aufenthaltsrechtlicher Illegalität hier lebten, wie sich aus polizeilichen Kriminalstatistiken ableiten lässt. Das Pew Research Center geht von über einer Million irregulärer Migranten aus – eine Schätzung, die das Deutsche Zentrum für Integrations- und Migrationsforschung (DeZIM) ablehnt, weil die Pew-Statistik auch Asylsuchende in die Statistik der irregulären Migranten einbezieht, obwohl Asylsuchende in Deutschland eine Aufenthaltsgestattung bekommen und sich somit gerade nicht irregulär im Land befinden.[88]

Mitte 2023 waren mehr als 261.000 Menschen in Deutschland ausreisepflichtig. Allerdings besaßen über 88 Prozent der „Ausreisepflichtigen" eine Duldung. Das heißt: Sie wurden aufgefordert, das Land zu verlassen, konnten aber „aus tatsächlichen oder rechtlichen Gründen" nicht abgeschoben werden. Die Duldung ist zwar kein echter Aufenthaltstitel, aber dennoch eine Bescheinigung über den legalen Aufenthalt in Deutschland. Die Gründe für eine Duldung in Deutschland sind vielfältig: Krankheit, Schwangerschaft, Berufsausbildung, Beschäftigung, Kinder kurz vor Schulabschluss, Betreuung kranker Familienangehöriger oder schlichtweg ein gestellter Folgeantrag. Geduldete fallen somit nicht unter die Kategorie der Irregulären. Die Zahl der „unmittelbar Ausreisepflichtigen" – also Personen, die tatsächlich irregulär sind – belief sich auf etwas mehr als 51.000 im Sommer 2023.[89]

Wer nicht gerade Statistik studiert hat, bei dem bleibt hängen: Es halten sich sehr viele Menschen in Deutschland auf, die dazu keine Berechtigung haben. Selbst von denen, die von unseren Behörden erfasst wurden und nach rechtsstaatlichen Prinzipien das Land verlassen müssten, dürfen über 80 Prozent doch „irgendwie" hierbleiben, zum Beispiel weil sie einen Arzt finden, der sie krank schreibt, weil sie einen kranken Familienangehören betreuen, weil sie eine Schwangerschaft herbeiführen, weil sie, und sei es auch nur vorübergehend oder nur auf dem Papier, eine

Beschäftigung finden, weil eines der zahlreichen Kinder vor einem Schulabschluss steht oder weil sie einfach einen weiteren Antrag gestellt haben. Bleibt zudem die Frage nach der Dunkelziffer, also wie viele in gar keiner Statistik auftauchen und doch „da“ sind.

Wer durch Deutschland reist, in die Innenstädte geht, mit den lokalen Buslinien fährt, sich auf öffentlichen Plätzen aufhält oder sich an U-Bahnhöfen umschaut, der kann intuitiv nachvollziehen, dass es „viele“ sind. Und zwar so viele, dass sie das Stadtbild, die Umgebung, die Wahrnehmung prägen. Diese Wahrnehmung ist keine statistische Zahl, sondern ein Gefühl. Es ist das Gefühl, wenn man als „normaler Deutscher“ – über die Definition wird an anderer Stelle in diesem Buch diskutiert – in die City geht, zur Minderheit zu gehört.

Asylrecht im Wandel

Auf der Liste moralischer Argumente, warum Deutschland geradezu eine „heilige Pflicht“ habe, Menschen aus aller Welt zu helfen, und wenn sie anklopfen, in unser Land einzulassen, ist häufig die Tradition des Humanismus im europäischen Abendland und damit eben auch in Deutschland zu lesen. Doch das Recht auf politisches Asyl hat in Deutschland keineswegs eine Jahrhunderte alte Tradition, wie uns die moderne Politik gerne glauben machen will, ganz im Gegenteil. So gab es im 19. Jahrhundert in Deutschland gerade kein verbrieftes Recht auf politisches Asyl. Die Fürsten der deutschen Staaten hatten zu dieser Zeit vielmehr ein großes Interesse daran, geflüchtete Aktivisten gegen die Monarchie, für Demokratie, Meinungs- und Pressefreiheit oder eine republikanische Verfassung aus anderen deutschen Staaten ausgeliefert zu bekommen. So wurde zwischen den Staaten des Deutschen Bundes bereits 1834 die Auslieferung politischer Straftäter vereinbart, während eine entsprechende Vereinbarung für gewöhnliche Verbrechen erst 1854 erfolgte.

Auch mit anderen Staaten – wie beispielsweise Russland – wurden noch in den 1880er Jahren Auslieferungsverträge zu politischen Straftaten abgeschlossen. Halten wir fest: Deutschland hat keine Asyltradition, sondern verfolgte lange Zeit eine völlig gegenteilige Politik der Auslieferung von politisch unliebsamen Personen. Damit spielte Deutschland eine Sonderrolle in Westeuropa: In vielen anderen westeuropäischen Ländern wurde das Auslieferungsverbot bei politischen Straftaten bereits im 19. Jahrhundert zum Standard. Belgien schwang sich 1833 zum Vorreiter beim politischen Asyl auf. Inwiefern sich hieraus ein bis heute anhaltendes schlechtes Gewissen entwickelt hat, das die

Aufnahme von Asylsuchenden in Deutschland geradezu zu einer moralischen Pflicht erklärt, mögen die Historiker entscheiden.

In Deutschland wurde erst 1929 mit dem Deutschen Auslieferungsgesetz eine rechtliche Grundlage hergestellt, die eine Auslieferung bei klaren politischen Umständen von Straftaten untersagte. Gleichzeitig wurde die Entscheidung darüber von den Polizeibehörden auf ordentliche Gerichte übertragen. Allerdings war damit noch kein Anrecht auf Aufnahme in Deutschland und kein Schutz vor anderweitiger Abschiebung verbunden. Einen generellen Schutz politischer Flüchtlinge vor Ausweisung oder Zurückweisung an der Grenze und damit ein positives individuelles Recht auf Asyl brachte erst die preußische Ausländer-Polizeiverordnung von 1932 kurz vor der Machtübernahme der Nationalsozialisten.[90]

Genfer Flüchtlingskonvention

Seinen „Durchbruch" erlebte der Gedanke, Menschen in einem anderen Land aufzunehmen, die aus ihrer Heimat flüchten müssen, da sie in höchster Not um Leib und Leben fürchten, durch die Gräueltaten im Zweiten Weltkrieg. Die Flüchtlingsströme aus den faschistischen und kommunistischen Diktaturen vor und während des Krieges führten dazu, dass in der Nachkriegszeit ein Recht auf Asyl geschaffen wurde, das erstmals 1948 in der Menschenrechtserklärung der Vereinten Nationen festgeschrieben wurde.

Bereits Anfang des 20. Jahrhunderts begann der Völkerbund, also die Vorgängerorganisation der Vereinten Nationen, mit der Entwicklung einer international gültigen Rechtsgrundlage zum Schutz von Flüchtlingen. Das „Abkommen über die Rechtsstellung der Flüchtlinge" – wie der eigentliche Titel der Genfer

Flüchtlingskonvention (GFK) lautete – wurde allerdings erst am 28. Juli 1951 verabschiedet. Bis heute gilt die GFK als das wichtigste internationale Dokument für den Flüchtlingsschutz.

Die Konvention legt klar fest, wer ein Flüchtling ist, welchen rechtlichen Schutz, welche Hilfe und welche sozialen Rechte sie oder er von den Unterzeichnerstaaten erhalten soll. Aber sie definiert auch die Pflichten, die ein Flüchtling dem Gastland gegenüber erfüllen muss und schließt bestimmte Gruppen wie zum Beispiel Kriegsverbrecher vom Flüchtlingsstatus aus.

War die Genfer Flüchtlingskonvention zunächst darauf beschränkt, hauptsächlich europäische Flüchtlinge direkt nach dem Zweiten Weltkrieg zu schützen, wurde der Wirkungsbereich der Konvention mit dem Protokoll von 1967 sowohl zeitlich als auch geografisch erweitert.[91]

Insgesamt 148 Staaten sind bis heute der Genfer Flüchtlingskonvention unter dem Protokoll vom 31. Januar 1967 beigetreten, darunter auch Deutschland. In allen anderen Ländern ist der Schutz von Flüchtlingen nicht sichergestellt. Flüchtlinge erhalten in diesen Staaten häufig keinen adäquaten Aufenthaltsstatus, werden nur vorübergehend geduldet oder sind in geschlossenen Flüchtlingslagern untergebracht und dort Bedrohungen ihrer grundlegenden Menschenrechte ausgesetzt. In vielen Fällen haben sie keinen Zugang zu wichtigen – in der Genfer Flüchtlingskonvention verbürgten – Rechten, wie beispielsweise der Zugang zu medizinischer Versorgung, Bildung und Sozialleistungen. Indes: Alle EU-Staaten haben sich ausnahmslos zur Genfer Flüchtlingskonvention verpflichtet. Will heißen: Für einen Flüchtling, der in eines der EU-Länder gelangt ist, besteht in dieser Hinsicht keinerlei Grund, nach Deutschland weiterzureisen. Wer sich politisch auf die GFK beruft, um Migrationsströme nach Deutschland einzulassen, der hat die Konvention entweder nicht gelesen oder nicht verstanden.

Grundrecht auf Asyl

In Deutschland wurde das politische Asylrecht 1949 im Grundgesetz für die Bundesrepublik Deutschland festgeschrieben. Das zunächst schrankenlos gewährte Asylrecht wurde allerdings nach der Wiedervereinigung der beiden deutschen Staaten 1993 und 2015 in wesentlichen Punkten überarbeitet und eingeschränkt.[92]

Im ersten Entwurf des Artikels, der das Asylrecht im Grundgesetz für die Bundesrepublik Deutschland garantiert, sollte dieses nur für Deutsche gelten, die wegen „Eintretens für Freiheit, Demokratie, soziale Gerechtigkeit oder Weltfrieden" im Ausland verfolgt werden. Der Schutz von Deutschen, die sich für eine gute Sache einsetzen, war also der Grundgedanke. Nochmals: Die ursprüngliche Intention bestand darin, deutsche Staatsbürger im Ausland zu schützen. Ein Asylrecht für alle politischen Flüchtlinge der Welt galt zu diesem Zeitpunkt als „zu weitgehend", weil dies „möglicherweise die Verpflichtung zur Aufnahme, Versorgung usw. in sich schließt" und daher für die Bundesrepublik nicht finanzierbar wäre. Eine Überlegung und ein Einwand, die heute sicherlich weite Teile der Bevölkerung zu schätzen wüssten. Doch es kam anders.

Wir haben es den beiden Rechtswissenschaftlern und Politikern Carlo Schmid und Hermann von Mangoldt zu verdanken, dass die heutige Formulierung, die das Asylrecht im Grundgesetz allen politischen Flüchtlingen der Welt garantiert, schließlich zum Tragen kam. „Politisch Verfolgte genießen Asylrecht" hieß es schließlich in der finalen Fassung des Grundgesetzes von

1949. Der Satz ist scheinbar an Klarheit nicht zu überbieten – oder doch nicht? Eine Definition, wer politisch verfolgt ist, findet sich im Grundgesetz nicht. Erst durch höchstrichterliche Urteile und die Definition der Genfer Flüchtlingskonvention wurde der Begriff der „politischen Verfolgung" konkretisiert: Sie muss von einem Staat ausgehen und die Menschenwürde der betroffenen Person schwerwiegend verletzen. Allgemeine Notsituationen wie Armut, Bürgerkrieg oder Naturkatastrophen und die Verfolgung durch nicht-staatliche Akteure wie Bürgerkriegsparteien begründen ausdrücklich keinen Anspruch auf Asyl. Machen wir uns wiederum klar: Es ging ausschließlich um den Schutz von Menschen, die von staatlicher Seite aus politisch verfolgt und deren Menschenrechte deshalb ernsthaft eingeschränkt werden; das hat beispielsweise auf die in Hitler-Deutschland lebenden Juden zugetroffen. Denn das sind die Wurzeln des europäischen Asylgedankens: Menschen, die ähnlich wie die Juden in Deutschland im sogenannten Dritten Reich verfolgt wurden, denen im eigenen Staat die Rechte genommen wurden, die vom Staat verfolgt, geschändet und scharenweise umgebracht wurden – diesen Menschen sollte geholfen werden, wenn es ihnen gelingt, „ihrem" Staat zu entkommen und in ein Nachbarland zu fliehen. Vor diesem historischen Hintergrund war es verständlich, dass sich Deutschland nach dem Zweiten Weltkrieg als besonders humanitär gebärden wollte, sozusagen, um Unrecht moralisch wieder gutzumachen.

Doch spätestens nach dem Zusammenbruch des Ostblocks, als sich sehr viele Menschen auf den Weg in Richtung Westen aufmachten, die keineswegs in ihren Ländern gequält oder gar getötet wurden, sondern die schlichtweg ein besseres Leben wollten, erwies sich das großzügige deutsche Asylrecht als überfordert. Daher kam es in späteren Jahren zu Einschränkungen des Asylrechts in der Bundesrepublik Deutschland, um die Zuwanderung zu begrenzen.

Mit dem schon erklärten Asylkompromiss im Jahr 1993 wurde das bis dahin schrankenlos gewährte Asylgrundrecht aus dem Grundgesetz herausgenommen. Hätte man diese vor 30 Jahren vereinbarten Regeln konsequent angewendet, wären seitdem die meisten Flüchtlinge an den Grenzen Deutschlands gescheitert, also niemals ins Land gekommen.

Politisch wollte die deutsche Regierung mit dem Asylkompromiss sicherstellen, dass sich nur tatsächlich politisch Verfolgte auf das deutsche Asylrecht berufen können. Daneben bestand weiterhin die Möglichkeit eines „kleinen Asyls“. Zur Erklärung: Das „kleine Asyl“ steht im Gegensatz zum „großen Asyl“, das die Anerkennung als Flüchtling nach der Genfer Flüchtlingskonvention und EU-Recht beinhaltet. Während das „große Asyl“ auch Schutz vor Verfolgung aus nicht-staatlichen Gründen bietet und nicht auf bestimmte Länder beschränkt ist, umfasst das „kleine Asyl“ Schutz nur vor staatlicher Verfolgung. Trotz des Namens umfasst das „kleine Asyl“ die Anerkennung als Asylberechtigter nach dem Grundgesetz den gleichen Schutzstatus und die gleichen Rechte wie die Anerkennung als Flüchtling nach dem „großen Asyl“. Der Hauptunterschied besteht in den Kriterien für die Zuerkennung und den Umfang des internationalen Schutzes.

Bündel an Maßnahmen im Jahr 2015

Im Jahr 2015 beschloss der deutsche Gesetzgeber erneut ein umfassendes Bündel an Maßnahmen, um den wachsenden Zustrom an Asylsuchenden besser in den Griff zu bekommen. Das Gesetz zur Neubestimmung des Bleiberechts und der Aufenthaltsbeendigung trat am 1. August 2015 in Kraft.[93] Das

Änderungsgesetz führte unter anderem Bleibemöglichkeiten für gut integrierte Jugendliche und Heranwachsende und für Langzeitgeduldete ein, sah eine einjährige Duldungsmöglichkeit während der Ausbildung vor und gewährte subsidiär Schutzberechtigten ein Recht auf Familiennachzug. Andererseits ermöglichte es schnellere Abschiebungen: Es verschärfte die Voraussetzungen für die Erteilung einer Aufenthaltserlaubnis, führte erstmals einen Ausreisegewahrsam ein, weitete die Abschiebehaft aus, gestattete die Haft zum Zweck der Abschiebung nach Dublin III, bestimmte Einreise- und Aufenthaltsverbote für abgelehnte Asylbewerber aus sicheren Herkunftsstaaten und gestattete es, Datenträger (also in erster Linie Smartphones) von Ausländern zum Zweck der Identitätsfeststellung auszulesen. Mit Inkrafttreten des Integrationsgesetzes am 6. August 2016 wurde zudem die Ausbildungsduldung auf die „3+2-Regel" erweitert, eine Duldung für die dreijährige Dauer der Ausbildung und für eventuell zwei anschließende Jahre.[94]

Am 29. September 2015 beschloss das Bundeskabinett zudem ein ganzes Gesetzespaket mit wesentlichen Änderungen im Asylrecht. Darin wurden unter anderem Bargeldzahlungen in den Erstaufnahmeeinrichtungen weitgehend durch Sachleistungen ersetzt, es wurden Integrationskurse angeboten, wobei sich die Flüchtlinge mit zehn Euro pro Monat an den Kosten ihrer Integrationskurse beteiligen mussten, und ein schnellerer Zugang zum (Leih-) Arbeitsmarkt festgelegt. Der Verwaltungsaufwand für die Gesundheitsbehandlungen von Flüchtlingen wurde wesentlich vereinfacht. Das Bauplanungsrecht wurde zeitweise gelockert, damit Bund und Länder schnellstmöglich Erstaufnahmeplätze schaffen konnten. Die Verteilung von Flüchtlingen und die Praxis von Abschiebungen wurde neu geregelt, ebenso die Finanzverteilung zwischen der Bundeskasse und den Ländern. Weiterhin gab es neue Verfahren bei den Unterkünften, so konnten Flüchtlinge aus den Westbalkanstaaten bis zu sechs Monate in Erstaufnahmezentren bleiben. Albanien, Kosovo und Montenegro wurden als weitere sichere Herkunftsstaaten eingestuft. Diese Änderungen im Asylrecht traten überwiegend durch das Asylverfahrensbeschleunigungsgesetz am 24. Oktober 2015 in Kraft.[95]

Damit nicht genug, wurde Anfang 2016 ein umfängliches Asylpaket II verabschiedet. Bundesweit entstanden fünf besondere Aufnahmezentren, in denen Asylbewerber mit geringer Erfolgsaussicht Schnellverfahren durchlaufen sollten. Dazu zählten Asylsuchende, die keine Bereitschaft zur Mitwirkung zeigen, falsche Angaben zu ihrer Identität machen oder Dokumente mutwillig vernichteten. Aber auch Menschen aus Staaten, die als sicher galten sowie Flüchtlinge mit Wiedereinreisesperren oder Folgeanträgen fielen darunter. In diesen Zentren wurde die Freizügigkeit eingeschränkt, die Asylsuchenden durften den Bezirk der für sie zuständigen Ausländerbehörde nicht verlassen. Hielten sie sich nicht daran, wurden ihnen Leistungen gestrichen und das Asylverfahren ruhte[96].

Die Abschiebung gesundheitlich angeschlagener Flüchtlinge wurde erleichtert, da nur besonders schwere Krankheiten vor Abschiebung schützen sollten, die durch ein ärztliches Attest fristgerecht zu belegen waren.

Zudem wurde der Nachzug für Familienangehörige von Flüchtlingen, die nur über subsidiären Schutz verfügen, für zwei Jahre ausgesetzt. Eine Ausnahme galt jedoch für Flüchtlingsangehörige, die noch in Flüchtlingscamps in der Türkei, Jordanien und dem Libanon waren. Diese sollten vorrangig mit Kontingenten nach Deutschland geholt werden, wobei solche Kontingente aber auf Ebene der Europäischen Union vereinbart werden mussten.

Im Februar 2016 trat ein neues Gesetz zur Verbesserung der Registrierung und des Datenaustausches zu aufenthalts-und asylrechtlichen Zwecken (Datenaustauschverbesserungsgesetz) in Kraft. Damit wurde der rechtliche Rahmen dafür geschaffen, dass ein neues Kerndatensystem auf Basis des Ausländerzentralregisters (AZR) eingeführt werden konnte, das den Behörden von Bund, Ländern und Kommunen Zugriff auf die zentral vorgehaltenen Stammdaten einreisender Geflüchteter ermöglichte. Vor allem wurden Mehrfachidentitäten, wie sie im zuvor genutzten IT-System „Easy" an der Tagesordnung waren, verhindert. An alle Asylbewerber wurde ein einheitlicher Ausweis – amtlich „Ankunftsnachweis" genannt – ausgegeben, indem wichtige Daten einheitlich erfasst wurden.[97]

Der Gesetzgeber setzte 2015/16 also alles daran, den Asylzustrom einzudämmen, besser zu organisieren und schneller zu bearbeiten. Indes kamen viele Maßnahmen spät – man könnte sagen, zu spät –, waren nur halbherzig und wiesen so viele Löcher auf wie ein Schweizer Käse. So definierten beispielsweise weder das Aufenthaltsgesetz noch das Asylgesetz den Begriff „Asyl". Die Frage „was ist eigentlich Asyl" blieb vonseiten des Gesetzgebers also unbeantwortet. Die Antwort darauf ergibt sich daher in erster Linie aus der Rechtsprechung des Bundesverfassungsgerichts zu Artikel 16a des Grundgesetzes. Demnach liegt eine politische Verfolgung („Flüchtlingsstatus") dann vor, wenn dem Einzelnen durch den Staat oder durch Maßnahmen Dritter, die dem Staat zuzurechnen sind, in Anknüpfung an seine Religion, politische Überzeugung oder an andere, für ihn unverfügbare Merkmale, die sein Anderssein prägen, gezielt Rechtsverletzungen zugefügt werden, die nach ihrer Intensität und Schwere die Menschenwürde verletzen, ihn aus der übergreifenden Friedensordnung der staatlichen Einheit ausgrenzen und in eine ausweglose Lage bringen. Das klingt kompliziert und das ist es auch.

Wohl aus diesem Grund hielt es der Gesetzgeber über Jahrzehnte hinweg nicht für erforderlich, Flüchtlingen einen offiziellen Flüchtlingsstatus zuzuerkennen, auch nicht nach dem 24. Dezember 1953, dem Tag, an dem die Genfer Flüchtlingskonvention in Deutschland Geltung erlangte. Erst durch die Umsetzung von EU-Richtlinien wurde mittlerweile die Flüchtlingseigenschaft förmlich zuerkannt, unter Umständen zusätzlich zur Asylberechtigung. Anerkannte Flüchtlinge haben demnach gegenüber Asylberechtigten keine Nachteile mehr.[98]

Zur Halbherzigkeit der Maßnahmen kam eine, angesichts der Flüchtlingsströme und der sich mehrfach daran anpassenden Gesetzgebung, völlig überforderte Bürokratie in Deutschland. Der Balanceakt, die Rechtsstaatlichkeit zu wahren angesichts eines Zustroms von Menschen, denen wenig an dieser Rechtsstaatlichkeit liegt, sondern denen es primär darum geht, nach Deutschland eingelassen zu werden und hier zu bleiben, egal, welche Maßnahmen dazu erforderlich sind, ging in sehr vielen Fällen schief. Die Bürokratie hat ihr Übriges dazu getan.

Asyl vom Antrag bis zur Entscheidung

Im Asylgesetz ist das behördliche Verwaltungsverfahren, das dem Asylbewerber den Status als Asylberechtigter zu- oder aberkennt, genauestens geregelt. Am Ende des Verfahrens steht der Entscheid des Bundesamtes für Migration und Flüchtlinge (Bamf).[99]

Damit das Verfahren überhaupt durchgeführt werden kann, erhält der Asylbewerber zunächst eine Aufenthaltsgestattung. Mit anderen Worten: Er darf in Deutschland verbleiben, solange das Verfahren läuft.

Die Dienstanweisungen für das Asylverfahren sind seit 2008 in einen öffentlich zugänglichen Teil und einen als „Nur für den Dienstgebrauch" (VS-NfD) eingestuften Teil unterteilt. Das Asylverfahren wird zudem durch Herkunftsländer-Leitsätze gesteuert, die als VS-NfD eingestuft sind. Im Koalitionsvertrag 2018 war festgelegt, dass alle behördlichen sowie gegebenenfalls auch alle gerichtlichen Verfahren in Ankerzentren gebündelt werden. In diesen Aufnahmeeinrichtungen sollen die Asylbewerber bleiben, bis sie entweder eine positive Bleibeperspektive erhalten oder zur Abschiebung vorgesehen werden.

Wer einen Asylantrag stellen will, muss sich zunächst persönlich in einer Aufnahmeeinrichtung melden. Dort werden am Computer grundlegende Daten wie der Name, das Geschlecht, das Herkunftsland und gegebenenfalls die sogenannten Familienverbände erfasst. Auf dieser Grundlage erhält der Flüchtling mitgeteilt, welche Erstaufnahmeeinrichtung für ihn zuständig ist. Dorthin hat er sich zu begeben und muss nach der Aufnahme in dieser Einrichtung unverzüglich oder zu einem ihm genannten Termin bei der zuständigen Außenstelle des Bundesamtes persönlich erscheinen, um den Asylantrag zu stellen.

Die Behörden sind ausdrücklich angehalten, die Identität des Asylbewerbers durch erkennungsdienstliche Maßnahmen zu sichern. Das gilt allerdings nicht für Kinder unter 14 Jahren. Wer glaubhaft machen kann, dass er jünger als 14 ist, wird nicht weiter überprüft.[100]

Wer im Flugzeug einreist oder einen Asylantrag schon vor seiner Einreise nach Deutschland stellt, wird nach dem sogenannten Flughafenverfahren behandelt. Dabei wird jede asylsuchende Person, die keine oder gefälschte Ausweispapiere mit sich führt oder die aus einem sicheren Herkunftsland stammt, noch im Flughafen bzw. vor der Einreise nach Deutschland von der

Bundespolizei in eine Flüchtlingsunterkunft im Transitbereich gebracht. Der Ankömmling muss das Asylgesuch unmittelbar nach der Ankunft gegenüber der Bundespolizei begründen und darf die Unterkunft nicht verlassen, bis über das Gesuch entschieden worden ist. Es werden Fingerabdrücke genommen und in die im vorliegenden Buch auf einer anderen Seite vorgestellte EURODAC-Datenbank übernommen. Durch Abgleich mit vorhandenen Daten wird festgestellt, ob dieselbe Person bereits in einem anderen Staat einen Asylantrag gestellt hat, denn in diesem Fall wird der Asylsuchende im Einklang mit dem an anderer Stelle in diesem Buch erklärten Dublin-III-Verfahren dorthin ausgewiesen.[101]

Recht auf Rechtsanwalt

Wie bei jedem Asylverfahren findet eine Anhörung vor dem Bundesamt für Migration und Flüchtlinge statt. Eine solche Anhörung ist ein zentrales Element jedes Asylverfahrens. Sofern das Bamf den Asylantrag innerhalb der vorgesehenen Frist von zwei Tagen als offensichtlich unbegründet ablehnt, verweigert die Bundespolizei dem Antragsteller die Einreise; er hat dann Anrecht auf asylrechtskundige Beratung durch einen Rechtsanwalt. Innerhalb von drei Tagen kann er, unterstützt durch den Rechtsanwalt, vor dem Verwaltungsgericht einen Eilantrag auf vorläufigen Rechtsschutz stellen und zugleich Klage gegen den Ablehnungsbescheid des Bundesamtes erheben. Über den Eilantrag auf vorläufigen Rechtsschutz entscheidet das zuständige Verwaltungsgericht innerhalb der nächsten 14 Tage. Die Entscheidung wird in der Regel auf Grundlage der vorgelegten Dokumente durchgeführt, ohne dass eine weitere Anhörung stattfindet. Anschließend wird dem Asylsuchenden entweder die Einreise nach Deutschland erlaubt, damit er sein Asylgesuch weiterverfolgt, oder er wird zurückgewiesen. Sollte die Zurückweisung wegen fehlender Ausweise nicht möglich sein, kümmert sich die Bundespolizei um Ausweise für die Reise. Solange bleibt der Asylsuchende in der geschlossenen Flüchtlingsunterkunft im Transitbereich. Dieser Zeitraum darf allerdings nicht länger als 18 Monate sein. Hieran entzündet sich häufig Kritik, weil sich die Frage stellt, ob diese Vorgehensweise als Freiheitsentzug einzustufen ist. So wertet der Europäische Gerichtshof für Menschenrechte im Jahr 1996 im Fall Amuur den Aufenthalt im Transitbereich des Flughafens Paris-Orly als Freiheitsentzug und stuft das Flughafenverfahren folglich als Verstoß gegen die Europäische Menschenrechtskonvention ein.[102] Im gleichen Jahr entscheidet indes das deutsche Bundesverfassungsgericht genau andersherum und sah darin keinen Freiheitsentzug. Die Diskussion ist ohnehin eher von akademischem, denn von praktischem Nutzen, da die Anzahl der per Flugzeug einreisenden Asylsuchenden über alle Jahre hinweg niedrig bleibt. Die meisten kommen auf dem Landweg nach Deutschland und stellen auch noch keinen Antrag vor der Einreise.

In Deutschland gilt für Asylbewerber und Geduldete die Residenzpflicht. Sie müssen sich demnach für eine vorgegebene Zeitdauer in dem von der zuständigen Behörde festgelegten Bereich aufhalten.

Ist der Antrag erst einmal wirksam gestellt, beginnt die behördliche Prüfung. Dabei hat der Asylbewerber Mitwirkungspflichten. Vor allem hat er allen gesetzlichen und behördlichen Anordnungen, sich bei bestimmten Behörden oder Einrichtungen zu melden oder dort persönlich zu erscheinen, Folge zu leisten. Dazu gehört auch, dass er verpflichtet ist, während des laufenden Asylverfahrens jede Adressänderung dem Bamf mitzuteilen, auch dann, wenn ihm der Umzug behördlich verordnet wurde.

Schließlich kommt es zur Anhörung vor dem Bamf, dem wichtigsten Vorgang im Rahmen des behördlichen Asylverfahrens.[47] Die Anhörungen sind nicht öffentlich. Hilfsorganisationen, Wohlfahrtsverbände und teilweise auch städtische Einrichtungen bieten den Asylsuchenden Beratung an, um sich auf den für sie wichtigsten Termin vorzubereiten. Wer zu diesem Termin unentschuldigt nicht erscheint, läuft Gefahr, dass sein Antrag abgelehnt oder das Verfahren eingestellt wird. Wörtlich heißt es beim Bamf: „Kann die Person, die in der Ladung genannte Uhrzeit aufgrund einer langen Anreise nicht einhalten und sich verspäten, sollte spätestens bis zu einem Tag vorher schriftlich oder telefonisch mitgeteilt werden, ab welcher Uhrzeit der Termin wahrgenommen werden kann. Dann können die Mitarbeitenden vor Ort die Termine besser einplanen."[103] Bei Krankheit muss ein ärztliches Attest per Post nachgereicht werden.

Bei der Anhörung ist ein Dolmetscher anwesend. Zusätzlich kann ein Rechtsanwalt oder ein Vertreter des Hohen Flüchtlingskommissars der Vereinten Nationen (UNHCR) und bei unbegleiteten Minderjährigen der Vormund teilnehmen. Die Teilnahme einer weiteren Vertrauensperson als Beistand ist ebenfalls möglich. Diese Person muss sich ausweisen können und darf selbst nicht im Asylverfahren sein. Das Ziel der Anhörung ist es, die individuellen Fluchtgründe zu erfahren, tiefere Erkenntnisse zu erhalten sowie Widersprüche aufzuklären.

Die Dauer der Anhörung hängt vom Einzelfall ab. Auf jeden Fall sollen die Antragsteller ausreichend Zeit bekommen, um die individuellen Fluchtgründe zu schildern. Sie stellen ihren Lebenslauf und ihre Lebensumstände dar, schildern den Reiseweg und ihr eigenes Verfolgungsschicksal. Außerdem äußern sie ihre Einschätzung der Umstände, die sie bei einer Rückkehr in ihr Herkunftsland erwarten. Dabei sind sie – natürlich – verpflichtet, die Wahrheit zu sagen und gegebenenfalls sogar Beweise für ihre Geschichte vorzulegen. Das können Fotos sein, Schriftstücke der Polizei oder von anderen Behörden, gegebenenfalls auch ärztliche Atteste. Was bei dieser Anhörung nicht erklärt oder vorgelegt wird, wird später weder beim Bundesamt noch in einem eventuellen gerichtlichen Verfahren berücksichtigt. Die Schilderungen werden übersetzt und protokolliert und im Anschluss an die Anhörung für die Antragstellenden rückübersetzt. Sie bekommen so Gelegenheit, das Gesagte zu ergänzen oder zu korrigieren. Schließlich wird ihnen das Protokoll zur Genehmigung durch die Unterschrift vorgelegt. Bei Verständigungsproblemen während der Anhörung wird der Termin verschoben.[104]

Für Opfer geschlechtsspezifischer Menschenrechtsverletzungen, wie etwa Vergewaltigung, sonstiger sexueller Misshandlung, drohender Genitalverstümmelung, Folteropfer, Traumatisierte oder Opfer von Menschenhandel und unbegleitete Minderjährige hält das Amt speziell geschulte Sonderbeauftragte bereit.

Ordnungswidrigkeit „Falschangabe“

Bestehen Zweifel an der Identität von Antragstellenden, führt das Bundesamt eine Überprüfung mittels einer Sprach- und Textanalyse durch, zu der Sprachgutachter hinzugezogen werden. Solche Fälle werden dem bundesamtseigenen Sicherheitsreferat gemeldet. Das Referat arbeitet zum einen eng mit dem Gemeinsamen Extremismus- und Terrorismusabwehrzentrum (GETZ) und dem Gemeinsamen Terrorismusabwehrzentrum (GTAZ) zusammen. Zum anderen führt es im Rahmen der datenschutzrechtlichen Möglichkeiten einen automatisierten Datenabgleich mit den Sicherheitsbehörden durch. Falsche Angaben während des Asylverfahrens beeinflussen natürlich die Entscheidung des Bamf, sofern sie aufgedeckt werden. Sie stellen jedoch während dieser Zeit keine Straftat dar, sondern werden höchstens als Ordnungswidrigkeit gewertet. Das ist bemerkenswert, da genau diese Angaben naturgemäß häufig „der kritische Punkt“ bei einer Anhörung sind. Lügen bei der Asylanhörung sind nicht strafbar. Erst wenn der Antragsteller nach einem positiven Bescheid weiterhin unter einer falschen Identität in Deutschland lebt, macht er sich strafbar.[105]

Das festgelegte Verfahren klingt rechtsstaatlich, überaus korrekt und den Ansprüchen an maximale Gerechtigkeit aller Seiten genügend. Doch eine Studie aus dem Jahr 2023, in der 90 Ausländerbehörden bundesweit unter die Lupe genommen wurden, kommt zu völlig anderen Ergebnissen.[106] Auf den Punkt gebracht: Die Behörden sind völlig überlastet, die Beschäftigten haltlos überfordert. 92 Prozent der Befragten klagen über die viel zu hohe Arbeitsbelastung. 72 Prozent beklagen, dass neue Kollegen, die aufgrund des wachsenden Arbeitsaufkommen ständig dazukommen, keine ausreichenden Vorkenntnisse mitbringen. Vor allem im rechtlichen Bereich reichen die Kenntnisse nicht aus, um die Aufgaben in der Behörde zu bearbeiten. Laut Studie überfordert zudem der Ermessensspielraum viele Behördenmitarbeiter; schließlich bestimmen viele ihrer Entscheidungen maßgeblich über den weiteren Lebensweg der Antragsteller.

Vor diesem Hintergrund der Überforderung und Überlastung wird verständlich, warum das korrekte Vorgehen häufig nur auf dem Papier existierte und Lücken groß wie ein Scheunentor lässt für Menschen, die sich nach Deutschland einschleichen wollen.

Der schon erwähnte Fall Franco A. steht exemplarisch dafür:[107] Wenn es ein junger Deutscher, der kaum ein Wort arabisch spricht, schafft, sich als Flüchtling aus Syrien auszugeben und das Amt dies nicht merkt, um wieviel einfacher mag es für jeden arabisch aussehenden jungen Mann sein, der fließend arabisch spricht, die deutschen Behörden auszutricksen. Das aufgebaute gewaltige Bürokratiemonster der sorgfältigen Prüfung jedes einzelnen Antrags auf Asyl erwies sich in der Praxis der Amtsstuben als weitgehend zahnlos. Hinzu kamen gerade absurde Sonderfälle, etwa wenn aus der Not ihrer Heimat Entflohene kurze Zeit später auf Urlaubsreise in eben diese Heimat zurückkehren.

Flüchtlinge machen Urlaub in ihrer Heimat

Es gibt festgelegte Gründe, ein Asylverfahren abzubrechen. Taucht der Antragsteller etwa unter oder reist er während des Asylverfahrens in sein Herkunftsland zurück, gilt der Asylantrag als zurückgenommen. Ist der Flüchtling hingegen erst einmal anerkannt, führt eine Rückkehr in sein Heimatland nicht zwangsläufig zur Aberkennung. Genau solche Fälle sorgten im Sommer 2017 für Schlagzeilen wie „Flüchtlinge machen Urlaub in der Heimat“. Beispiel Ausländerbehörde Baden-Württemberg: Dort gab es zwischen 2014 und 2017 mehr als 100 Flüchtlinge, die zum Teil mehrfach in ihre Heimatländer gereist und bei der Rückkehr ihren Schutzstatus in Deutschland behalten hätten. Es ging um familiäre, aber auch um Geschäfts- und Urlaubsreisen nach Syrien und in den Irak. Der Amtschef des baden-württembergischen Innenministeriums, Julian Würtenberger, sprach von einer „gewissen Dunkelziffer“, deutete also an, dass es sich um wesentlich mehr Fälle handeln könnte. Das Gesetz sieht eine Einzelfallprüfung vor, als deren Ergebnis gegebenenfalls ein Widerruf oder eine Rücknahme des Schutzstatus möglich ist. Allerdings muss das Amt seine Entscheidung begründen, im Zweifelsfall also nachweisen, dass es sich um eine Erholungsreise handelt und nicht etwa um den Besuch eines in der Heimat erkrankten Verwandten. „Es kann gewichtige Gründe geben, warum ein anerkannter Flüchtling für kurze Zeit in seine Heimat reisen will“, betonte Aydan Özoguz, die Integrationsbeauftragte der Bundesregierung. [108] Völlig losgelöst von der gesetzlichen Regelung waren diese Fälle allerdings verheerend für die öffentliche Meinung. Hier entstand der Eindruck, der deutsche Rechtsstaat mache sich lächerlich, es führte das Rechtssystem geradezu ad absurdum.

Im Januar 2023 wurde ein mehrfach vorbestrafter afghanischer 23-jähriger Sexualstraftäter aufgrund einer erneuten Vergewaltigung am Flughafen München bei der Wiedereinreise nach Deutschland nach seinem Urlaub festgenommen. Es war dieselbe Zeit, in der die amtierende Außenministerin Annalena Baerbock Abschiebungen nach Afghanistan ablehnte: „Mit der Schreckensherrschaft der Taliban ist Afghanistan in die Steinzeit zurückgefallen" – aber für einen schönen Urlaub offenbar noch attraktiv genug. Das Urteil für den 23-Jährigen: 22 Monate auf Bewährung verbunden mit der Auflage, weniger Bier zu trinken.[109]

Neben den absurden Einzelfällen war es vor allem die Vielzahl der Anträge, die das Bamf über Jahre hinweg in die Überforderung trieben. In das Jahr 2016 ist die Behörde mit 660.000 noch zu bearbeitenden Anträgen *aus dem Vorjahr* gegangen.[110] 2016 wurden über 745.500 weitere Asylanträge gestellt, so viele wie nie zuvor. Dies war allein im Vergleich zum Jahr 2015 ein Anstieg um 64 Prozent. Will heißen: Es hat sich über die Jahre hinweg eine immense Bugwelle an Asylanträgen aufgebaut; dementsprechend lang sind die Bearbeitungszeiten. So benötigte die Behörde 2022 im Durchschnitt mehr als sieben Monate, bevor eine Entscheidung fiel.[111]

Das Bamf entscheidet schließlich, ob der Antragsteller als Asylberechtigter oder Flüchtling anerkannt wird oder subsidiären Schutz erhält. Möglicherweise wird auch ein Abschiebungshindernis festgestellt. Andernfalls fordert das Bundesamt den Asylbewerber auf, sofern er auch aus keinem anderen Grund wie beispielsweise einer Eheschließung bleiben darf, zur „freiwilligen Ausreise“ auf und droht mit Abschiebung.

Nach einem negativen Bescheid gelten enge zeitliche Fristen für den Asylbewerber, um sich eine Rechtsberatung einzuholen und gegen den Bescheid zu intervenieren. Im Regelfall wird dem Asylbewerber bei einem negativen Bescheid eine Ausreisefrist von 30 Tagen gesetzt, bei unbeachtlichen oder offensichtlich unbegründeten Anträgen währt die Ausreisefrist nur eine Woche. Nach Ablauf der Frist ordnet das Bamf eine Abschiebung an. Diese ist durch die Bundesländer, meist die jeweilige Ausländerbehörde, durchzuführen.[112]

Bei der Ausweisung oder Abschiebung wird zugleich ein befristetes Einreise- und Aufenthaltsverbot verhängt, damit der Antragsteller nicht gleich wieder vorstellig wird. Im Falle einer späteren Wiedereinreise werden die Kosten einer durchgeführten Abschiebung in Rechnung gestellt. Zudem kann das Bamf auch abgelehnte Asylbewerber aus sicheren Herkunftsstaaten und Personen, deren zweiter Asylfolgeantrag abgelehnt wurde, mit einem Einreise- und Aufenthaltsverbot belegen, selbst wenn der Asylbewerber freiwillig ausgereist ist.

Wer eine Aufenthaltsgestattung erhält, darf in den ersten drei Monaten nicht arbeiten. Danach darf er eine Arbeitserlaubnis beantragen – ob er sie erhält, liegt im Ermessen des Amtes. Allerdings kann eine Person mit Aufenthaltsgestattung oder Duldung nur einen „nachrangigen“ Zugang zum Arbeitsmarkt erhalten. Nach drei Jahren kann die Ausländerbehörde die Niederlassungserlaubnis erteilen, legt das Gesetz zur Neubestimmung des Bleiberechts und der Aufenthaltsbeendigung fest, das zum 1. August 2015 in Kraft trat. Das gilt nicht, sofern das Bundesamt im Ausnahmefall mitteilt, dass die Voraussetzungen für einen Widerruf des Schutzstatus – wenn beispielsweise die Verfolgungsgefahr nur vorgetäuscht war – oder seine Rücknahme – wenn sich beispielsweise die politische Lage im Herkunftsland ändert – vorliegen. Durch das Integrationsgesetz wurden 2016 die gesetzlichen Regelungen zur Niederlassungserlaubnis dahingehend wieder verschärft, dass einem Flüchtling nun grundsätzlich erst nach fünf Jahren eine Niederlassungserlaubnis erteilt wird, und dies auch nur dann, wenn er bestimmte Integrationsleistungen erfüllt. Nur bei herausragender Integration – wenn er die deutsche Sprache beherrscht und sein Lebensunterhalt weitestgehend gesichert ist – kann er die Niederlassungserlaubnis bereits nach drei Jahren erhalten. Das mag aus Beamtensicht eine klare Handlungsleitlinie sein, aber in der Praxis erwiesen sich die Abschiebungen als kaum durchführbar.

Abschiebung geht schief

Das klare politische Versprechen der Regierungsparteien in Deutschland lautete über Jahre hinweg: Abgelehnte Asylbewerber oder gar straffällige Ausländer werden konsequent in ihre Heimatländer abgeschoben. Doch in der Praxis von Verwaltung und Polizei wurde dieses Versprechen immer und immer wieder gebrochen – über Jahre hinweg. Zwar wurden 2018 laut Statistik 23.617 Menschen aus Deutschland abgeschoben. Aber deutlich mehr Abschiebungen, genau 30.921 scheiterten, weil die Betroffenen krank wurden, Schicksalsschläge erlitten, neue Gerichtsentscheidungen vorlagen oder schlichtweg nicht auffindbar waren. 2018 wurden 7.849 Fälle von „nicht erfolgter Zuführung am Flugtag" gezählt. Amtlich dokumentiert ist, dass in 3.322 Fällen bereits laufende Rückführungsversuche abgebrochen wurden, beispielsweise – wie es im Amtsdeutsch heißt – „wegen Beförderungsverweigerung" oder „wegen aktiven / passiven Widerstands".[113] „Abschiebung - Ein deutsches Desaster" titelte das

Magazin *Der Spiegel* in seiner Ausgabe 10/2019 vom 2. März 2019.

Das Mitleid weiter Teile der Bevölkerung hatte sich längst von den Asylanten weg hin zu den Polizisten verlagert. Die Abzuschiebenden ergaben sich in den seltensten Fällen in ihr Schicksal, sie traten, spuckten, pöbelten. Mehr als 300-mal musste die Polizei 2018 die Betroffenen fesseln, häufig auch ins Flugzeug tragen. Manchmal kamen Kopf- und Beißschutz zum Einsatz, um die Verletzungsgefahr für die Beamten zu minimieren. Die Bundespolizeiführung sprach schon im April 2018 in einem internen Bericht von „einer zunehmenden Gewaltbereitschaft und Heimtücke" bei den Abzuschiebenden.

Den Begleitpolizisten, die nach Asien oder Afrika mitreisen mussten, wurde ihre Arbeit allerdings kaum gedankt. Die Reisezeit wurde ihnen häufig nicht in vollem Umfang als Arbeitszeit angerechnet, ihre Mahlzeiten im Flugzeug wurden ihnen unter Umständen vom ohnehin kargen Reisetaschengeld abgezogen, für ihre selbst gekaufte Kleidung, die sie bei der Abschiebung tragen sollten, bekamen sie eine Abnutzungspauschale von 1,20 Euro, wenn diese mit Blut oder Fäkalien beschmutzt wurde.

Es war ein durch den Föderalismus uneinheitliches und unübersichtliches Geflecht aus Bürokratie, Dienstvorschriften und mangelnden Ressourcen. Für die 150 Plätze einer Sammelabschiebung mussten rund 1.000 behördliche Vorgänge in Gang gesetzt werden, um 600 infrage kommende Personen zu identifizieren, von denen 400 nachts aufgescheucht werden mussten, um die 150 Plätze zu belegen, die im Flugzeug bereitstanden. Für die Abschiebehaft in Deutschland gab es nicht einmal 500 Plätze, aber Tausende von Personen, die dafür infrage kamen.

So blieb die Abschiebepraxis über Jahre hinweg unbefriedigend. Während die Politiker angesichts der immer stärkeren Empörungswellen in der deutschen Öffentlichkeit mit Versprechungen zu punkten suchten, von denen sie wussten, dass sie sie niemals einhalten können, war die Abschiebung eine Farce.

Hinzu kam, dass nach Berichten von Mitarbeitern der Ausländerbehörden augenscheinlich etwa jeder dritte Abgeschobene wieder nach Deutschland einreiste.[114] Eine offizielle Statistik zur Rückkehrerquote gab es nicht, aber die Schätzungen verschiedener Mitarbeiter aus unterschiedlichen Bundesländern sprachen eine deutliche Sprache. So ging man in Baden-württembergischen Sicherheitskreisen davon aus, dass „zwischen einem Drittel und der Hälfte der Abgeschobenen wieder einreisen“. Ein langjähriges Mitglied der Bund-Länder-Arbeitsgruppe für Rückführung hielt eine „Größenordnung von um die 30 Prozent für wahrscheinlich“. Aus dem Bundesinnenministerium hieß es Anfang 2019: „Weil es bisher keine Statistiken zum Umfang der Wiedereinreise von Abgeschobenen gibt, sind dazu leider keine belastbaren Angaben möglich. Schätzungen aus Landesbehörden, dass bei ungefähr jeder dritten Rücküberstellung innerhalb Europas eine Wiedereinreise erfolgt, sind aus unserer Sicht nicht unplausibel. Bei Abschiebungen in Herkunftsländer außerhalb Europas dürfte aber die Wiedereinreisequote deutlich niedriger liegen.“[115]

Für die öffentliche Meinung und damit für die politische Landschaft waren es über diese Abschiebepraxis und diese Zahlen hinaus immer wieder Einzelfälle, die für Erstaunen sorgten. Dazu gehörte der Fall Mortaza D. Der junge Mann aus Afghanistan stellte 2010 – damals 15-jährig – in Deutschland einen Asylantrag, der im selben Jahr abgelehnt wurde. Aufgrund von Abschiebehindernissen blieb er dennoch geduldet in Deutschland. Sehr rasch füllte sich seine Strafakte: Hausfriedensbruch, Bedrohung,

Drogendelikte, gefährliche Körperverletzung, versuchte Nötigung, schwerer räuberischer Diebstahl. Insgesamt 23 Straftaten kamen zusammen; das Versprechen der Politik, kriminelle Asylbewerber in ihre Heimatländer zurückzuschicken, geriet ins Wanken. Anfang 2019 wurde er in ein Abschiebeflugzeug nach Kabul verfrachtet. Doch Afghanistan verweigert seine Annahme. Zur Begründung wurden Zweifel an seiner afghanischen Identität und gesundheitliche Bedenken genannt. Prompt kam Mortaza D. zurück nach Deutschland.[116]

Ein vertraulicher Bericht der EU-Kommission aus dem Jahr 2021 zeigte, dass zwei Werte über Jahre hinweg unverändert blieben, egal wie viele Menschen in der Europäischen Union um Asyl baten: Nur einer von dreien wurde in erster Instanz anerkannt. Und von denen, die keinen Schutz bekamen, kehrte lediglich ein Drittel in ihre Heimatländer zurück.[117]

Erst im Herbst 2023 schien die Regierungspolitik aufgewacht zu sein. Mit den Worten „Wir müssen schneller und mehr abschieben“ forderte Bundeskanzler Olaf Scholz Abschiebungen „im großen Stil.“[118] Die Politshow war groß, das Maßnahmenbündel dahinter klein. So konnten die Behörden nunmehr in Gemeinschaftsunterkünften nicht nur das dem abzuschiebenden Asylbewerber zugewiesene Zimmer betreten, sondern weitere Räumlichkeiten wie etwa das Zimmer eines Mitbewohners, um seiner habhaft zu werden. Das lenkte den Blick indes eher auf die vorherige völlig unzureichende, um nicht zu sagen, absurde Praxis: Wer in einer Gemeinschaftsunterkunft lebte und abgeschoben werden sollte, brauchte bloß ein beliebiges Nachbarzimmer zu betreten, um vor dem Zugriff deutscher Behörden in Sicherheit zu sein. Zudem konnten die Behörden von nun an Ausreisepflichtige 28 statt zuvor nur zehn Tage vor dem Abschiebetermin in Gewahrsam nehmen. Indes: Wer der Gefahr einer Abschiebung gewahr ist, wird auch einen Monat vorher schon untertauchen, wenn er hierbleiben will. In vielen anderen EU-Ländern wie Frankreich, Italien oder Österreich waren die im Herbst 2023 neu aufgelegten Maßnahmen schon lange Usus – erhöht hat sich die Zahl erfolgreicher Abschiebungen dort nicht.[119] Es gab also keinen Grund zu der Annahme, dass sie in Deutschland messbare Auswirkungen haben sollten. Die Hürde liegt nämlich nicht in der EU, sondern bei den Herkunfts- und Transitländern. Es ist die Antwort auf die Frage: Wohin soll man Ausreisepflichtige denn abschieben, wenn kein Land bereit ist, sie aufzunehmen? Weil diese Frage auch künftig schwer zu beantworten sein wird, da die entsprechenden Länder eben nicht aufnahmebereit sind, gibt es im Grunde nur eine Lösung: Die Einreisen in die EU massiv zu mindern. Doch dem stehen viele Aspekte entgegen, zum Beispiel der sogenannte Familiennachzug.

Familiennachzug: das offene Scheunentor

Zu den größten Befürchtungen bei der Aufnahme von Asylsuchenden zählt auch heute noch der Familiennachzug bei subsidiär schutzberechtigten Flüchtlingen. Der Tenor der Argumentation lautet: Wir nehmen aus humanitären Gründen einen auf und haben kurz darauf eine ganze Großfamilie zu versorgen. Schlimmer noch: Die Familie schickt bewusst einen Einzelnen nach Deutschland – typischerweise einen jungen Mann, weil der am meisten Chancen hat, durchzukommen –, der die Aufgabe hat, so rasch wie möglich die gesamte Familie nachzuholen.

Der subsidiäre Schutz ist ohnehin politisch umstritten, weil er Flüchtlingen zuteil wird, die letztlich nach der Genfer Flüchtlingskonvention überhaupt keinen Schutzstatus in Deutschland bekommen. Sie sollen dennoch aufgenommen werden, weil ihnen in ihrer Heimat die Todesstrafe, Folter oder eine ernsthafte Gefahr durch Krieg droht. Der Großteil der Flüchtlinge mit subsidiärem Schutz in Deutschland stammt aus Syrien; dort herrscht unzweifelhaft Krieg.[120]

Zwischen März 2016 und Juli 2018 wurde der Familiennachzug für diese Gruppe als Teil des sogenannten Asylpakets II ausgesetzt. Die Bundesregierung wollte angesichts des Widerstands in der Bevölkerung über den Asylansturm politische Signale der Abwehr oder jedenfalls Begrenzung setzen. Im Frühjahr 2018 beschloss die Regierung schließlich das Familiennachzugsneuregelungsgesetz.[121] Es räumte den subsidiär anerkannten Flüchtlingen allerdings nicht denselben Status wie vor März 2016 ein. Bis dato hatten alle anerkannten Flüchtlinge, also auch die subsidiären, das Recht, die Mitglieder ihrer Kernfamilie – Ehepartner und minderjährige Kinder – nachzuholen.

Nach dem zu dieser Zeit üblichen Streit in der Regierung – die SPD beharrte auf dem Nachzug, die CSU wollte ihn am liebsten ganz abschaffen – einigte sich die große CDU/CSU/SPD-Koalition auf ein Kontingent in diesem Zusammenhang von maximal 1.000 Einreisevisa pro Monat. Das Bundesinnenministerium hielt in einem Rundschreiben an die Ministerien der Länder fest: „Aufgrund dieser zahlenmäßigen Beschränkung werden nicht alle Familienmitglieder sofort nachziehen können." Weitere Einschränkungen: Ehepaare mussten nachweisen, dass sie bereits vor der Flucht geheiratet haben, die nachziehenden Verwandten durften nicht als „Gefährder" eingestuft werden, der Nachzug von Kindern zu ihren bereits in Deutschland lebenden Geschwistern war grundsätzlich ausgeschlossen und wer seinen Ehepartner oder seine Kinder nachholen wollte, durfte nicht selbst bereits im Begriff sein, weiterzuziehen, etwa in ein anderes EU-Land. Darüber hinaus sollte beim Nachzug laut Gesetz das Kindeswohl besonders stark berücksichtigt werden. Geprüft wurde zudem, ob die in Deutschland lebenden Verwandten ihren eigenen Lebensunterhalt teils oder ganz selbst verdienen konnte.[122]

Angesichts der um sich greifenden Furcht vor Überfremdung schienen dies politisch sinnvolle Kriterien zu sein. Das UNO-Flüchtlingshilfswerk UNHCR sah das allerdings anders und warnte noch am Tag vor Inkrafttreten des Gesetzes vor „intransparenten und bürokratisierten Verfahren."

Dabei waren die bürokratischen Hürden bei der Umsetzung des Gesetzes mindestens ebenso hoch wie die politischen Gräben tief. Die Einführung des Kontingents von maximal 1.000 Nachzüglern im Monat führte nicht zu einer Reduzierung, sondern ganz im Gegenteil geradezu zu einem Ansturm. Die Behörden waren – wieder einmal – völlig überlastet. So lagen 2018 bei den deutschen Botschaften und Konsulaten im Ausland zeitweise knapp 41.000 Terminanfragen wegen Familiennachzug vor. Über die Hälfte davon kam allein aus der libanesischen Hauptstadt Beirut.[123]

Die Langsamkeit der Bürokratie hing damit zusammen, dass dem Zuzug eine umfassende Prüfung vorausging. Die Anträge der Angehörigen mussten vollständig sein, bevor sie in zwei Stufen geprüft wurden, erst von den deutschen Botschaften und Konsulaten in den Herkunftsländern, dann von den Ausländerbehörden in Deutschland. Danach kam es zur Auswahl der Anträge im Bundesverwaltungsamt, bevor die Vorgänge wieder an die deutschen Auslandsvertretungen zurückgegeben wurden, um die entsprechenden Visa auszufertigen. Mit dem Visum mussten die Antragsteller binnen drei Monaten zu ihren Verwandten nach Deutschland einreisen. Aber allein die Bearbeitung aller Anträge aus den Vorjahren – das waren mehrere Tausend – war aufwendig.

Wie wenig es nützte, zeigten die Zahlen des Jahres 2022: 117.000 Familienangehörige kamen allein auf diesem Weg binnen eines Jahres nach Deutschland. In der ersten Jahreshälfte

2023 waren es weitere rund 77.000 – eine Steigerung um 32 Prozent gegenüber dem Vorjahr. Wer also mit dem Gefühl „es werden immer mehr" ins Jahr 2024 geht, hat völlig recht – es ist nicht bloß ein Gefühl, es sind die Fakten. 2022 war ein Rekordjahr beim Familiennachzug, der 2023 noch zu übertreffen war.[124]

Wozu das führen kann, zeigte ein Fall aus dem Jahr 2023: Ahmed A., ein 40-jähriger Syrer, war als Asylbewerber anerkannt und in einer Flüchtlingsunterkunft im Landkreis Donau-Ries untergebracht worden. Er sprach kein Deutsch und hatte keine Arbeit gefunden. Trotzdem stellte seine Frau, die bei der Hochzeit gerade einmal 14 Jahre alt war und im Libanon lebte, für sich und die zehn Kinder einen Antrag auf Familiennachzug. Die Bedenken des Landratsamtes in Donauwörth, das nicht wusste, wie es eine derart große Familie unterbringen sollte, wies das Auswärtige Amt zurück. Mutter und Kinder durften nach Deutschland einreisen. Inzwischen war noch ein elftes Kind dazu gekommen.[125]

Ebenso, sagen wir, „bemerkenswert": Muslimische Männer dürfen im Rahmen des Familiennachzugs auch ihre Zweitfrauen nach Deutschland holen und vom deutschen Staat finanziell versorgen lassen. In Deutschland wird Bigamie mit bis zu drei Jahren Gefängnisstrafe geahndet. Doch 2023 wurde der Fall eines Afghanen publik, der völlig legal seine zwei Ehefrauen nach Deutschland nachholen konnte. Er lebt mit einer Ehefrau und drei Kindern zusammen, die zweite Ehefrau wohnt in einer separaten Wohnung mit weiteren sieben Kindern. Besonders kurios dabei: Eines der Kinder ist in Deutschland geboren, kann aber dennoch keine deutsche Geburtsurkunde bekommen, weil die Ehe der Eltern in Deutschland nicht anerkannt wird. Ein Einzelfall? Keineswegs: Schon 2018 gab es Fälle des Nachzugs syrischer Zweitfrauen. Damals wurden die Entscheidungen damit begründet, dass die Kinder nicht in der Fremde und auf der

Flucht vor Krieg und Vertreibung, sondern bei ihrer leiblichen Mutter aufwachsen sollten.[126] Ebenso befremdlich war 2023 eine Gerichtsverhandlung um einen erwachsenen Afghanen, der sich hierzulande seine 13-jährige Cousine als Braut „gekauft" hatte. Er sagte der Richterin: „In Afghanistan macht man das so und hier auch. Ich bin doch nicht der Einzige." Vor Gericht stand er übrigens nicht, weil er versuchte ein Kind zu ehelichen, sondern weil er die „Braut", die sich nicht trauen wollte, jahrelang körperlich bedroht und belästigt hatte.[127]

Reguläre Einreise wird zur Regel

Das European Asylum Support Office (EASO), also das Europäische Unterstützungsbüro für Asylfragen als Gemeinschaftsagentur der Europäischen Union, stellte für das Jahr 2022 fest: Die Anzahl der Asylanträge hat sich gegenüber dem Vorjahr verdoppelt. Jeder dritte Antrag kam aus Syrien. Danach folgten Afghanistan, die Türkei, Venezuela und Kolumbien. Die fünf Millionen Kriegsflüchtlinge aus der Ukraine hatte die EASO dabei noch gar nicht mitgezählt.[128]

Die Zahlen für Deutschland waren 2022 ebenso ernüchternd. Genau 226.467 neue Asylanträge zählte die Behörde, ein Drittel mehr als im Vorjahr. Die höchste Anzahl an Anträgen seit 2016. Die meisten Antragsteller kamen aus Syrien, gefolgt von Afghanistan, der Türkei und dem Irak. Wiederum sind die mehr als eine Million Ukrainer in Deutschland gar nicht mitgezählt.

Allein in den ersten sieben Monaten 2023 hat die Bundespolizei über 43.800 unerlaubte Einreisen nach Deutschland festgestellt – 51 Prozent mehr als im Vorjahr. Die deutsche Bundespolizeigewerkschaft lässt sich mit den Worten zitieren: „Die Migrationskrise spitzt sich weiter zu und konzentriert sich immer mehr auf Deutschland. Die aktuellen Zahlen sind erschreckend."

Die Pechstein-Rede: Besser den Mund halten

Claudia Pechstein ist die wohl bekannteste Eisschnellläuferin Deutschlands. Mit fünf Olympiasiegen und vier weiteren olympischen Medaillen ist sie die erste Wintersportlerin, die an acht Olympischen Spielen teilnahm. Doping-Vorwürfe konterte sie mit einer ererbten Blutanomie; die Sache gilt bis heute nicht als eindeutig geklärt. Für das vorliegende Buch spielt jedoch ihre sportliche Karriere keine Rolle, sondern ihr Beruf als Polizeihauptmeisterin der Bundespolizei. In dieser Funktion – in Uniform – hielt sie im Juni 2023 auf dem CDU-Grundsatzkonvent eine Rede zur „Lage der Migration in Deutschland". Dabei stellte sie unter anderem die Abschiebungen von abgelehnten Asylbewerbern in einen unmittelbaren Zusammenhang mit mehr Sicherheit im Alltag. Wörtlich führte sie aus (Auszug):[129]

Als Polizeihauptmeisterin stehe ich mit meinen Kollegen im regen Austausch und es ist für uns alle unstrittig, dass man Menschen in Not helfen muss. Aber wenn Menschen zu uns kommen und Asyl beantragen und ein Richter nach Prüfung aller Fakten zu dem Schluss kommt, dass der Antragsteller kein Recht hat, hier zu leben, dann versteht niemand, dass solche Menschen einfach hierbleiben dürfen. Wenn ich richtig informiert bin, reden wir derzeit etwa über 300.000 solcher Fälle.

Die Olympionikin sprach öffentlich aus, was viele denken. Das sollte ihr allerdings beruflich nicht gut bekommen. Das Bundespolizeipräsidium leitete unverzüglich eine dienstrechtliche Prüfung ein. Denn Beamte unterliegen nach dem Beamtenrecht der Neutralitätspflicht. Im Bundesbeamtengesetz heißt es dazu:

„Beamtinnen und Beamte haben bei politischer Betätigung diejenige Mäßigung und Zurückhaltung zu wahren, die sich aus ihrer Stellung gegenüber der Allgemeinheit und aus der Rücksicht auf die Pflichten ihres Amtes ergeben."[130]

Für die Öffentlichkeit ließ sich daraus im Wesentlichen nur eine Schlussfolgerung ziehen: „Kritisiere bloß nicht öffentlich die Regierungspolitik und insbesondere nicht die Migrationspolitik, denn du wirst dafür büßen".

Kurzum: Jedes Jahr kommen neue Migranten hinzu, aber von denen aus den Vorjahren verlässt kaum jemand das Land – und wir sollen nicht darüber reden. Die Lage war 2015 und danach wie auf den vorangegangenen Seiten ausführlich geschildert, katastrophal – sie war 2022/23 um keinen Deut besser – und es gibt keinen Grund, eine Verbesserung für 2024 und danach zu erwarten.

Damit sind wir mitten in der dritten Flüchtlingskrise, die im folgenden Kapitel beschrieben wird.

Die dritte Flüchtlingskrise der 2020er

Die Jahre 2020/21/22 standen für die erste und bislang größte globale Katastrophe der Menschheit im 21. Jahrhundert. Nie zuvor fühlten sich Milliarden von Menschen gleichzeitig dem Tod so nahe wie in diesen Jahren. Die Coronavirus-Pandemie war eine Zäsur. Daraus ist das Potenzial für eine dritte Flüchtlingskrise erwachsen – neben dem Angriff Russlands auf die Ukraine, den anhaltenden Krieg in Syrien, den teilweise kriegsähnlichen Konflikten in Afrika, dem neu ausgebrochenen Krieg im Nahen Osten… die Liste ließe sich noch sehr lange fortsetzen. Doch allein die Nachwirkungen von Corona, in Deutschland fast schon vergessen, stellen einen Nährboden für Migration aus anderen Teilen der Welt über Jahre hinweg dar.

Ein Virus rast um die Welt

Binnen weniger Monate raste ein Virus rund um den Globus und löste die schnellste weltweite Massenhysterie in der Geschichte der Menschheit aus. Das hatte einen einfachen Grund: Die Menschen fühlten sich hilflos einer todbringenden Krankheit ausgesetzt, gegen die es lange Zeit keine Impfung und keine Medikamente gab. Es war diese Hilflosigkeit, die weit über die rationale Abwägung der Ansteckungsgefahr und der Wahrscheinlichkeit, tatsächlich daran zu sterben, die Welt in Schockstarre versetzte.

In atemberaubender Geschwindigkeit wandelten sich Demokratien zu Herrschaftsstaaten, in denen die Regierungen den Bürgern so schnell so viele Freiheitsrechte wegnahmen, dass das

Wort von der „Corona-Diktatur“ die Runde machte. Grundrechte wie etwa die Versammlungsfreiheit oder das Recht, sich mit Personen seiner Wahl zu treffen, wurden über Nacht abgeschafft. Das öffentliche Leben kam zum Stillstand. Geschäfte, Schulen, Gaststätten, Hotels und sogar öffentliche Plätze wurden von heute auf morgen geschlossen. Noch nie waren so viele Volkswirtschaften in so vielen Ländern gleichzeitig so schnell auf den Abgrund zugerast – trotz staatlicher Unterstützungsprogramme noch nie dagewesenen Ausmaßes.

Allerdings sank in diesen Jahren auch die Zuwanderung, weil die Grenzen wegen der Coronaschutzmaßnahmen dicht gemacht wurden. Doch die Pandemie, die die Welt für kurze Zeit in Schockstarre versetzte, und auf den ersten Blick auch die Flüchtlingsströme zum Versiegen brachte, bildete in Wahrheit den Nährboden für eine weltweite Flüchtlingskrise noch nie dagewesenen Ausmaßes. Zwar haben sich die (westlichen) Industrienationen 2022/23 längst von den Coronafolgen erholt, aber in anderen Teilen der Welt sah und sieht es ganz anders aus.

2,7 Milliarden Menschen sind schutzlos

Das Welternährungsprogramm (WFP) der UNO schätzt, dass die Auswirkungen der Pandemie 2020/21/22 weltweit rund zehn Millionen Kinder in den Hunger trieb. Über alle Altersgruppen hinweg waren in Afrika schon vor der Pandemie rund 250 Millionen Menschen dem Hunger preisgegeben.[131] Das Coronavirus breitete sich auf dem afrikanischen Kontinent seit 2020 vergleichsweise langsam aus, weil viele Länder von den Auswirkungen in Asien, Europa und den USA vorgewarnt frühzeitig ihre Grenzen dicht machten und das öffentliche Leben herunterfuhren.[132] Dennoch wurden etwa 30 Millionen Hungernde und rund 300.000 Tote in Afrika auf Corona zurückgeführt. Eine solche

„Hunger-Pandemie“ in Afrika erscheint aus europäischer Sicht zunächst weit weg. Aber wenn es dort vermehrt zu Hungersnöten und zu Unruhen und infolgedessen zu Bürgerkriegen und unkontrollierbaren Flüchtlingsbewegungen kommt, dann ist davon auch die EU betroffen.[133]

Alle diese Faktoren zusammengenommen kosteten in ärmeren Ländern nicht nur Millionen von Menschen das zuvor schon karge Leben, sondern brachten auch die dortigen wirtschaftlichen Aktivitäten zum Erliegen. Weltweit waren Schätzungen zufolge 2,7 Milliarden Menschen schutzlos in der Coronakrise.[134] Das zeitigt im Nachgang weitreichende geopolitische Auswirkungen. Millionen, wenn nicht Milliarden von Menschen versuchen, die „roten Zonen“, in denen es keine ausreichend gesundheitliche Versorgung und keine wirtschaftliche Lebensgrundlage mehr gibt, zu verlassen.[135] Und immer weniger Staaten werden bereit sein, Flüchtlinge bei sich aufzunehmen abgesehen von der EU und Deutschland, möchte man zynisch hinzufügen.

Massenmigration aus dem Magreb

Beispielhaft für die Situation ist seit 2021 der Ansturm aus den Magrebstaaten in Nordwestafrika. Dazu zählen Tunesien, Algerien, Marokko und Westsahara, je nach Betrachtung auch Libyen und Mauretanien. Dort stehen Millionen junger Männer bereit, sich auf den Weg nach Europa zu machen, weil die Lage in ihren Ländern schlichtweg aussichtlos erscheint. Allein im kleinen Tunesien waren 2021 rund eine Million Menschen arbeitslos. Jährlich verlassen etwa 100.00 Kinder und Jugendliche vorzeitig die Schule. In Algerien und Marokko ist die Situation leicht besser. Aber in keinem diesen Ländern gibt es für junge Menschen Zukunftsaussichten. Dennoch sind die Magrebstaaten selbst einer zunehmenden Migration aus den Ländern südlich der Saraha ausgesetzt. Allein in Libyen leben Hunderttausende von afrikanischen Migranten, von denen viele nach Europa weiterziehen wollen.

Das alles war 2021 nicht neu, aber die Coronakrise hat die Lage dramatisch verschärft. Es war verständlich, dass es diese Menschen zuhauf nach Europa zog. So machten sich unzählige Menschen mit Booten von der Küste Nordafrikas nach Europa auf. Schon im Vorjahr 2020 war es laut offiziellen Zahlen rund 13.000 jungen Tunesiern gelungen, allein in Italien irregulär einzureisen. Tatsächlich dürften es mehr als 20.000 gewesen sein.[136] Ende 2022 lebten mehr als 48.000 Migranten allein aus Tunesien in Deutschland, doppelt so viele wie nur zehn Jahre zuvor.[137]

Um die Migrationskatastrophe aufzuhalten, gibt es im Grunde nur zwei Möglichkeiten: einerseits gilt es, Arbeitsplätze in den Magrebstaaten zu schaffen, und andererseits eine Art „Mauer“ im Mittelmeer zu errichten, um das Durchkommen von Afrika nach Europa über das offene Meer zu unterbinden. Vermutlich wird eine einigermaßen befriedigende Lösung überhaupt nur zu erreichen sein, wenn beides passiert. Doch der wirtschaftlichen Prosperität in Nordafrika wird schon seit Jahrzehnten versucht, auf die Beine zu helfen. Das Projekt einer Magreb-Union als ersten Schritt in die richtige Richtung scheitert seit vielen Jahren am Westsaharakonflikt und den damit verbundenen Spannungen zwischen Marokko und Algerien. Der Westsaharakonflikt besteht zwischen Marokko einerseits und der militärisch-politischen Organisation Frente Polisario andererseits. Marokko beansprucht Westsahara als Teil seines Staatsgebietes, während die Polisario die Unabhängigkeit des gesamten Territoriums anstrebt. Sie hat 1976 die Demokratische Arabische Republik Sahara ausgerufen, die zunächst von etwa 80 Staaten anerkannt wird, von denen etwa 30 die Anerkennung wieder zurückziehen bis eine Lösung gefunden wird.

Ende 2023 machte die amtierende deutsche Innenministerin Nancy Faser einen Bittsteller-Besuch in Marokko. Mit, wie berichtet, bester Laune warb sie für einen Deal bei der Migration. Sie habe „good vibes“ verbreitet, sagt Marokkos Arbeitsminister Younes Sekkouri. Sein Team sei von Faesers guter Stimmung angesteckt worden – möglicherweise auch von dem in Aussicht stehenden Geld aus Deutschland im Rahmen eines Deals. Das Königreich soll – anders als zuvor– abgelehnte Asylbewerber verlässlich zurücknehmen. Im Gegenzug soll die Bundesregierung jungen Marokkanern Wege eröffnen, um in Deutschland arbeiten zu können, als Pflegekraft etwa. Faesers Chef, Bundeskanzler Olaf Scholz, zog es beinahe zeitlich nach Westafrika. In Abuja warb er um „Talente aus Nigeria“, die zum Arbeiten nach Deutschland kommen könnten. Zugleich drängte er darauf, dass die Regierung Landsleute zurücknimmt, wenn ihr Antrag auf Asyl in Deutschland abgelehnt wurde. Knapp 14.000 Nigerianer waren im Herbst ausreisepflichtig, davon sind rund 12.500 geduldet, oft, weil sie keine Ausweispapiere haben. Wenn die Dokumente fehlen, verweigert Nigeria die Rücknahme – eines der zahlreichen Dauerprobleme in der Asylpolitik.[138]

Dies sind nur zwei Beispiele für die Vielzahl der Konflikte in Nordafrika, aber auch in anderen Teilen Afrikas, die über Jahrzehnte hinweg unlösbar geblieben sind und sich in der Coronakrise 2020/21 drastisch verschärften.

Jeder einzelne Konflikt übt schon einen enormen Migrationsdruck vor allem auf die Jungen in der dortigen Bevölkerung aus. Zusammengenommen stellen sie ein schier unvorstellbares Migrationspotenzial auf dem Weg nach Europa dar. Als ob das nicht schon genug Stoff für einen ganzen Problemband wäre, kam Anfang 2022 das militärische Vorpreschen Russlands in der Ukraine als Erschwernisfaktor hin. Der erneut heiß entflammte „Kalte Krieg“ führte zu einer neuen Fluchtbewegung gen Westen.

2023 kam das erneute Aufflammen des Krieges im Nahen Osten hinzu.

Beschleunigung seit 2023

Im ersten Halbjahr 2023 hatten die EU-Staaten, Norwegen und die Schweiz zusammen 519.000 Asylanträge zu verzeichnen. Das waren 28 Prozent mehr als im Vorjahreszeitraum, wie die EU-Asylbehörde bekanntgab. Laut amtlichen Angaben weist die Einwanderung seit den Corona-Lockdowns einen „eindeutigen, nach oben weisenden Trend“ auf. Weil die Anzahl der Zuwanderer traditionell im zweiten Halbjahr noch höher ausfalle als im ersten Halbjahr, sei bis Jahresende 2023 mit mehr als einer Million Asylanträgen zu rechnen.

Die meisten Anträge (30 Prozent) wurden wie bisher schon in Deutschland gestellt. Im Vorjahr waren es noch 25 Prozent gewesen. Auf dem zweiten Platz folgt Spanien mit 17 Prozent, danach Frankreich (16 Prozent) und Italien (zwölf Prozent). Die meisten Immigranten gelangen über die zentrale Mittelmeerroute von Nordafrika nach Europa. Sie landen in Italien, bleiben aber nicht dort, sondern wandern zügig weiter – vor allem nach Deutschland.

Der Grund dafür ist nicht schwer zu erraten: Nirgends in Europa werden Einwanderer aus aller Herren Länder so großzügig mit finanziellen Mitteln bedacht wie in der Bundesrepublik. Das ist nach einer Analyse des Center for Economic Strategy (CES) in Kiew auch der Grund, warum die meisten Ukraine-Flüchtlinge nach Deutschland (1,08 Millionen) und nicht mehr nach Polen (968.000) kamen (Stand Herbst 2023).

Lampedusa ruft den Notstand aus

Die italienische Mittelmeerinsel Lampedusa musste im Herbst 2023 den Notstand ausrufen: Es waren so viele Migranten wie noch nie angekommen. Zeitweise registrierten die Behörden innerhalb von 24 Stunden mehr als 5.000 Menschen. „Jeder hat in irgendeiner Weise den Migranten geholfen, die Hilfe brauchten. Aber jetzt ist es wirklich an der Zeit, nach einer strukturellen Lösung zu suchen", erklärte Filippo Mannino, der Bürgermeister von Lampedusa.[139] Er dürfte damit vielen Menschen nicht nur in Italien, sondern auch in Deutschland aus dem Herzen gesprochen haben.

Um die Verhältnisse einmal ins Licht zu rücken: Das Erstaufnahmelage der Insel, die nur 190 Kilometer von der tunesischen Küste entfernt und damit von dort mit Booten vergleichsweise leicht zu erreichen ist, bietet Platz für rund 400 Menschen. Im Herbst 2023 wurden dort nicht etwa „nur" zehnmal mehr Migranten gezählt, nämlich 4.000, was das Lager schon zum Platzen gebracht hätte, sondern sage und schreibe 6.800 Menschen, die aus Afrika herübergekommen waren. Auf Videos war zu sehen, wie Hunderte von Migranten versuchten, Absperrungen zu durchbrechen und die Polizei Mühe hatte, dagegen anzukämpfen.

Man kann verstehen, wenn es ein Großteil (nicht nur) der Deutschen mit der Angst zu tun bekommt angesichts der Bilder aus Lampedusa. Es ist die Furcht vor ähnlichen Verhältnissen im eigenen Umfeld, im Ort, in dem man lebt, oder gar in ganz Deutschland (und natürlich auch in anderen europäischen Ländern). Allein in den ersten neun Monaten des Jahres 2023 kamen rund 10.000 Migranten aus Afrika nach Lampedusa, einer Insel mit knapp 6.500 Einwohnern.

Vorwurf: Deutschland unterstützt Schleusungen

Doch es kam noch schlimmer. Ausgerechnet zu dieser Zeit, also im Herbst 2023, stellte sich heraus, dass die Bundesrepublik Deutschland private Organisationen (Nicht-Regierungs-Organisationen, NGO) finanziell unterstützte, die Menschen über das Mittelmeer nach Italien brachten. Die NGOs, die sich selbst als Seenotretter einstuften, gaben sich dem Tagewerk hin, das gemeinhin kriminelle Schleuser, also Menschenhändler, betreiben. Um den Sachverhalt zu verschleiern, wurden nicht nur die Schiffsbetreiber mit jeweils zwischen 400.000 und 800.000 Euro bedacht, sondern auch die vatikannahe katholische Laienorganisation Sant'Egidio, die sozial Schwache und Flüchtlinge unterstützt.[140] Man konnte das ohne Weiteres so interpretieren, dass die Bundesrepublik Deutschland – genauer gesagt, der deutsche Steuerzahler – dem Verschiffen von Menschen aus Afrika nach Italien Vorschub leistet und sich des darin bestehenden Unrechts – der Einmischung in innerstaatliche Angelegenheiten Italiens – bewusst ist. Diesen Blickwinkel nahm offenbar auch die italienische Ministerpräsidentin Giorgia Meloni ein und beschwerte sich formell in einem Brief an Bundeskanzler Olaf Scholz.

Prompt mischte sich Tausendsassa-Unternehmer Elon Musk ein, der als politisch konservativ gilt, aber seine Weitsichtigkeit durch die außerordentlich erfolgreiche Entwicklung seiner Firmen zweifelsfrei unter Beweis gestellt hat. Auf seiner Onlineplattform X (ehemals Twitter) verbreitete er einen Post, der die Rolle von deutschen Seenotrettungsschiffen im Mittelmeer kritisiert: „Derzeit sind acht deutsche NGO-Schiffe im Mittelmeer unterwegs, um illegale Einwanderer einzusammeln, die in Italien ausgeladen werden sollen. Diese NGOs werden von der deutschen Regierung subventioniert. Hoffen wir, dass die AfD die Wahlen gewinnt, um diesen europäischen Selbstmord zu stoppen." Musk fügte hinzu: „Ist das der deutschen Öffentlichkeit bewusst?" Die Reaktion des Auswärtigen Amtes ließ nicht lange auf sich warten: „Ja, das nennt man Leben retten", schrieb die deutsche Behörde auf Englisch.[141] Der Sturm der Entrüstung – vor allem wegen der direkten Empfehlung ausgerechnet für die AfD – war verständlicherweise ebenso groß wie der Unterstützung. Ein häufiger Tenor lautete „Seenotrettung bedeutet Menschen, deren Schiff am Untergehen ist, aus dem Wasser zu retten, und nicht Menschen aus Schlauchbooten zu holen, die sie besteigen, um in Rettungsschiffe umzusteigen". Der ebenfalls häufig geäußerte Vorwurf: „Die deutsche Politik würde damit das schmutzige Geschäft der Schleuser unterstützen, also letztendlich dem Menschenhandel Vorschub leisten." Der immerhin 600-seitige Bericht der italienischen Regierung zu diesen Vorfällen lässt im Grunde keine andere Schlussfolgerung zu. Man kann wohl mit Fug und Recht von einem Tiefpunkt der deutschen Politik sprechen, wenn sie sich mit Verbrecherorganisationen (nämlich Schlepperbanden) gemeinmacht und damit EU-Vereinbarungen unterminiert.

Dieses Treiben war umso verwunderlicher, als die Bundespolizei 2023 verlauten ließ, dass die Schleuserkriminalität in Deutschland in den vergangenen Jahren deutlich zugenommen habe. Laut Angaben stieg die Zahl der des Verdachts der „Einschleusung von Ausländern" gefassten Menschen von 2021 auf 2022 um 28 Prozent auf 2.728. 2023 waren bis Ende August 1.683 Schleuser gefasst worden. Die mit Abstand größte Gruppe unter den Verdächtigen waren in allen drei Jahren Syrer und an zweiter Stelle Türken – bis zum Jahr 2023, in dem Ukrainer den zweiten Platz unter den gefassten Schleusern einnahmen.[142]

Während in Deutschland die Schleuserkriminalität zunahm und sich sogar der Staat selbst in gewisser Weise daran beteiligte, wehrte sich die italienische Regierung mit immer schärferen Regelungen gegen den Strom der Flüchtlinge. So wurden Minderjährige, die älter als 16 Jahre sind, als junge Männer eingestuft, um sie in Aufnahmeeinrichtungen für Erwachsene unterzubringen. Das war wohl eine vernünftige Einschätzung, weil genau diese Gruppe häufig für besonders viel Ärger sorgt, wie an anderer Stelle in diesem Buch dargestellt. Wer bei der Ankunft in Italien falsche Altersangaben gemacht hat, um sich als minderjährig auszugeben, hatte eine sofortige Abschiebung zu gewärtigen. Zudem sollten Nicht-EU-Bürger, die schon länger in Italien leben, auch bei Straftaten, die keine Gefängnisstrafe nach sich ziehen, schneller ausgewiesen werden können.

Das Fazit der unterschiedlichen Tendenzen in Deutschland und Italien lag auf der Hand: Während sich der deutsche Staat dabei ertappen ließ, wie er die Schleusung von Migranten aus Afrika unter dem Deckmäntelchen der Seenotrettung finanziell unterstützte, leitete die italienische Regierung konkrete Maßnahmen zur Eindämmung der überflutenden Migration aus Afrika ein. Allerdings sorgte der nicht nur unverminderte, sondern sogar anschwellende Zustrom von Flüchtlingen dafür, dass 2023 auch hierzulande Maßnahmen zum Umgang damit in die politische Diskussion kamen. Dabei stand teilweise weniger die Abwehr als vielmehr die bessere Integration der Neuankömmlingen im Fokus.

Wohin mit den Flüchtlingen?

Die Massenmigration nach Deutschland bringt viele handfeste Probleme mit sich – mangelnder Wohnraum stellt eines der größten dar. So fehlten 2023 in Deutschland mehr als 700.000 Wohnungen – besonders Sozialwohnungen und günstige Wohnungen. Es ist das größte Wohnungsdefizit seit mehr als 20 Jahren.

Mehr als elf Millionen Haushalte in Deutschland haben Anspruch auf eine Sozialwohnung. Vor allem der durch den Ukraine-Krieg verursachte hohe Zuzug belastete den bereits zuvor schon angespannten Wohnungsmarkt.

Zur Unterbringung von Geflüchteten mieteten Städte und Gemeinde immer mehr Wohnungen an. Für Menschen mit geringem Einkommen wurde es dadurch noch schwerer, bezahlbaren Wohnraum zu finden. Angesichts dieses Konkurrenzkampfes war der soziale Unfrieden vorprogrammiert. Deutsche Familien, die oftmals jahrelang auf eine größere Wohnung warten – beispielsweise wegen Nachwuchs – wurden von ukrainischen Familien binnen eines Jahres überholt. Die Deutschen warten heute noch, die Ukrainer sind beinahe über Nacht eingezogen. Bei rund 1,1 Millionen Sozialwohnungen bundesweit und ungefähr ebenso vielen Flüchtlingen aus der Ukraine, die in Deutschland leben, ist eine Besserung kaum in Sicht.[143] Ganz im Gegenteil: Bis 2025 werden bis zu einer Million Wohnungen in Deutschland fehlen, befürchten Experten.[144]

Doch der Konflikt beschränkt sich nicht nur auf Wohnungen; schon bei der Errichtung neuer Flüchtlingsunterkünfte ist der soziale Frieden immer häufiger gestört. Beispielhaft dafür steht das kleine Dorf Upahl im Mecklenburg-Vorpommern mit 500 Einwohnern, in dem 2023 eine Container-Unterkunft für 400 Flüchtlinge geschaffen werden sollte. Die Empörung war groß – nicht nur vor Ort, sondern überall in Deutschland, weil jedem klar war, dass genau dies überall passieren könnte. Die Gemeinde wurde gar nicht erst gefragt. Vielmehr nutzte das zuständige Ministerium einen Ausnahmeparagraphen im Bundesbaugesetz, der 2015 verankert worden war, als schon viele Flüchtlinge nach Deutschland kamen. Diese Regelung versetzt Landkreise in die Lage, zur Unterbringung von Flüchtlingen schnell und unbürokratisch zu bauen – ein Traum für viele deutsche

„Häusle-Bauer." In Upahl wurden schließlich statt der geplanten 400 „nur" 250 Migranten untergebracht. Den sozialen Frieden hat dieses Verhältnis – 250 Fremde auf 500 Einheimische – sicherlich nicht hergestellt.[145] Und Upahl ist mehr oder minder überall in Deutschland.

Flüchtlinge gegen den Fachkräftemangel

Angesichts von rund 1,75 Millionen offenen Stellen (Stand Herbst 2023) stellten sich viele Bürger schon seit Jahren und die Politik immerhin seit Herbst 2023 die Frage, ob die nach Deutschland gekommenen Flüchtlinge nicht auf dem Arbeitsmarkt eingesetzt werden sollten. Die Zeit drängt, denn sobald die Babyboomer der etwa 1955 und 1969 Geborenen in Rente geht, scheiden rund sieben Millionen Menschen aus dem Arbeitsmarkt.

Doch der politische Zank darum ist groß. Wer sich bereits in Deutschland befindet, soll ab dem ersten Tag arbeiten dürfen, und zwar parallel zum Asylverfahren – fordern die einen. Eine solche Regelung, bei der Asylbewerber mit wenig Aussicht auf Erfolg einer geregelten Tätigkeit nachkommen können, verlockt Arbeitsmigranten dazu, sich das Asylrecht zunutze zu machen – befürchten die anderen. Politisch wird nämlich unterschieden zwischen Fachkräfteeinwanderung und dem Schutz für Geflüchtete. Eine sofortige Arbeitserlaubnis für Asylbewerber würde den Anreiz setzen, sich als Asylbewerber zu melden, um schnell in Deutschland arbeiten zu können.[146]

Bislang gilt eine reichlich komplizierte Regelung, die eher dem deutschen Bürokratiewahn gerecht wird als eine Lösung für die Probleme darstellt. So gibt es für Flüchtlinge in den ersten drei Monaten nach Ankunft in Deutschland grundsätzlich ein

Beschäftigungsverbot. Wenn das Asylverfahren nach neun Monaten nicht abgeschlossen ist, darf ein Asylbewerber dennoch arbeiten. Angesichts einer durchschnittlichen Länge eines Asylverfahrens von 7,6 Monaten im Jahr 2022 stellt allein dies einen wesentlichen bürokratischen Mehraufwand dar – einige Verfahren sind vor dieser zeitlichen Grenze abgeschlossen, andere nicht. Weiterhin gilt, dass Asylbewerber mit minderjährigen Kindern bereits nach sechs Monaten eine Erwerbstätigkeit aufnehmen dürfen. Wenn sie zudem – warum auch immer – frühzeitig nicht mehr verpflichtet sind, in einer Aufnahmeeinrichtung zu wohnen, können sie schon nach drei Monaten eine Beschäftigungserlaubnis erhalten. Asylbewerber aus sicheren Herkunftsstaaten allerdings dürfen während des Verfahrens nicht arbeiten, weil in diesen Fällen abzusehen ist, dass sie nicht in Deutschland bleiben dürfen. Abgelehnten, aber geduldeten Asylbewerbern kann nach sechs Monaten eine Beschäftigungserlaubnis erteilt werden, wenn sie zum Wohnen in der Aufnahmeeinrichtung verpflichtet sind – ansonsten nach drei Monaten. Mit anderen Worten: Es ist ein Wust an Vorschriften, die zusammengenommen eine, man möchte fast sagen, maximale Bürokratisierung des Problems darstellen, aber keine praxisnahen Lösungen.

Bei der politischen Diskussion weitgehend unbeachtet bleibt die Frage, ob die hierzulande Asylsuchenden überhaupt arbeitswillig oder arbeitsfähig sind. Blicken wir auf die Zahlen. Nach Zahlen des Instituts für Arbeitsmarkt- und Berufsforschung sind sechs Jahre nach der Ankunft nur etwa die Hälfte der erwachsenen Flüchtlinge erwerbstätig. Sprachbarrieren, Kulturunterschiede, mangelnde berufliche Qualifikation oder schlichtweg die gute Sozialversorgung auch ohne Arbeit dürften häufig zu den Gründen gehören. Die Schlussfolgerung, dass wer nach sechs Jahren noch keinen Job angetreten hat, nie mehr auf dem Arbeitsmarkt erscheinen wird, sondern von den staatlichen Sozialleistungen lebt, ist wohl gerechtfertigt. Immerhin die Hälfte geht einer geregelten Tätigkeit nach, mag man gutwillig zugestehen. Allerdings liegt die Erwerbstätigenquote in Deutschland insgesamt bei knapp 77 Prozent.[147] Auf den Punkt gebracht: Mehr als drei Viertel aller Deutschen arbeiten, um ihr Leben zu finanzieren, während dies lediglich bei der Hälfte aller Neuankömmlinge der Fall ist. Natürlich sind derartige Rechenexempel immer vereinfacht und damit argumentativ angreifbar – aber das macht diese Art von Überschlagsrechnung nicht per se falsch; die Größenordnung stimmt.

Allerdings gehört auch zur Wahrheit, dass ganze Branchen in Deutschland auf Migranten angewiesen sind. So arbeiten beispielsweise rund 5.000 syrische Ärzte im Gesundheitswesen hierzulande – so viele Mediziner wie aus keinem anderen Land; das sind knapp zwei Prozent aller Ärzte in Deutschland.[148] Sie gehören zur der Gruppe Migranten, die wir brauchen, die mit ihren Fähigkeiten (und ihren Steuern) einen positiven Beitrag leisten. Überwiegend sind Migranten in Deutschland allerdings in weniger qualifizierten Berufen tätig.[149] Zu den Branchen, die stark von Migranten geprägt sind, gehören die Fleischverarbeitung, der Bau, die Landwirtschaft, der Transport und die Logistik, das Reinigungs- und das Hotel- und Gaststättengewerbe sowie der Pflegesektor.[150] Wie am Anfang geschrieben, ist das Buch insbesondere diesen Menschen gewidmet, die aus aller Welt nach Deutschland kommen, sich in unserem Land integrieren und ein wertvoller Bestandteil unserer Gesellschaft werden. Sie leiden besonders unter den „anderen Migranten“, die eben nicht zu dieser Gruppe gehören.

Wer gesund ist und nicht gehandicapt ist, muss arbeiten. Eine Arbeitspflicht muss her“, forderte der Deutsche Landkreistag im Herbst 2023 eine Arbeitspflicht für alle Migranten in Deutschland. Dabei sei es egal, ob es sich beispielsweise um gemeinnützige Arbeit oder eine Tätigkeit in der Gastronomie handele. Die Möglichkeit, Asylbewerber für gemeinnützige Tätigkeiten heranzuziehen, gibt es schon Jahren im Asylbewerberleistungsgesetz. Aber bis zum Erscheinen dieses Buches wurde praktisch nie davon Gebrauch gemacht.

Hinzu kommt eine glasklare wirtschaftliche Rechnung. Seit Ende 2017 bis Mitte 2023 sind rund drei Millionen Menschen aus dem Ausland zugewandert. In diesen sechseinhalb Jahren ist die Produktivität je Beschäftigten um 1,9 Prozent und das reale Bruttoinlandsprodukt pro Kopf um 0,8 Prozent gefallen. Die Zuzügler leisteten also pro Kopf weniger als die Einheimischen, so dass der Zuwachs an Menschen den Anstieg der Wirtschaftsleistung übersteigt. Setzt sich die Zuwanderung weniger produktiver Arbeitskräfte fort, sinkt die durchschnittliche Produktivität weiter. Auf jeden Einzelnen entfällt ein immer kleinerer Anteil am Wohlstand.[151]

Bürgergeld für die Ukraine

Wie leichtfertig die Politik nicht nur mit den Steuergeldern der Bürger umgeht, sondern dadurch zudem den produktiven Einsatz von Migranten verhindert, zeigt das Beispiel „Bürgergeld für Ukrainer“. Seit 1. Juni 2022 erhalten alle Flüchtlinge aus der Ukraine in Deutschland Bürgergeld anstelle von Asylbewerberleistungen. Das sind 502 Euro im Monat statt 410 Euro. Zudem dürfen sie von Anfang an in einer Wohnung statt in einer Gemeinschaftsunterkunft leben. Einen Asylantrag müssen sie nicht stellen, um in den Genuss der staatlichen Leistungen zu kommen. „Dann ist einfach das Sofa gemütlicher als der Deutschkurs“, sprach Matthias Jendricke (SPD), Landrat im thüringischen Nordhausen aus, was viele Deutsche denken. Joachim Walter (CDU), Landrat im Kreis Tübingen in Baden-Württemberg, stimmte zu: „Die Arbeitsbereitschaft von Geflüchteten aus der Ukraine hat mit dem Wechsel hin zum Bürgergeld deutlich nachgelassen.“ Auch er machte die „hohen Zahlungen“ dafür verantwortlich: „Das treibt die Menschen nicht unbedingt an, hier zu arbeiten.“ Von den rund 3.400 Flüchtlingen aus der Ukraine, die sein Landkreis aufgenommen hat, würden nur 60 arbeiten, rechnet Walter vor. Die Mehrheit der Erwachsenen – nämlich 1.960 Menschen – bezieht demnach Bürgergeld, 720 Flüchtlinge besuchen Sprachkurse.[152]

Um das einmal in Relation zu setzen: Eine alleinerziehende Mutter aus der Ukraine mit zwei Kindern erhält – Wohnungs- und Heizungspauschalen mit eingerechnet – 2.079,72 Euro im Monat. Eine Friseurin ohne Kinder bekommt 1.364,49 Euro netto, wovon sie ihre Wohnung und Heizung selbst bezahlen muss. Ab dem sechsten Berufsjahr steigt ihr Nettoeinkommen auf 1.452,76 Euro. Bildet sie sich weiter und bringt es zur Friseurmeisterin, kommt sie auf etwa 2.175 Euro monatlich. Ein Handwerker, der in einem kleinen Betrieb arbeitet, bringt es auf ein Nettogehalt von 2008 Euro im Monat.[153]

Angesichts dieser Zahlen ist verständlich, warum die aus der Ukraine Geflüchteten mit ihrem Bürgergeld ganz zufrieden sind. Bundesweit leben in Deutschland Ende 2023 rund 700.000 Kriegsflüchtlinge aus der Ukraine, die alle Bürgergeld beziehen, darunter auch viele Kinder. Nur 19 Prozent der ukrainischen Flüchtlinge gehen in Deutschland zur Arbeit – Schwarzarbeit nicht gerechnet. In anderen europäischen Ländern ist die offizielle Arbeitsquote teilweise deutlich höher. So lag sie 2022 in Polen bei 66 Prozent, in den Niederlanden sogar bei 70 Prozent.

Im Herbst 2022 benannte CDU-Chef Friedrich Merz die Lage beim Namen, indem er einen „Sozialtourismus“ ukrainischer Flüchtlinge konstatierte: „Wir erleben mittlerweile einen Sozialtourismus dieser Flüchtlinge: nach Deutschland, zurück in die Ukraine, nach Deutschland, zurück in die Ukraine." Der Begriff „Sozialtourismus" war 2022 keine Neuigkeit mehr, er war bereits 2013 das „Unwort des Jahres". Der Aufschrei der politisch Korrekten war 2022 ebenso groß wie schon 2013. Die amtierende Bundesinnenministerin bezeichnete die Aussagen von Merz als „schäbig". Es handle sich dabei um „Stimmungsmache auf dem Rücken ukrainischer Frauen und Kinder, die vor Putins Bomben und Panzern geflohen sind". Die Grünen-Fraktionschefin Britta Haßelmann schrieb: „Sich durch die Abwertung anderer Menschen profilieren zu wollen, ist ein Instrument, zu dem Rechtspopulisten regelmäßig greifen."[154] Kurzum: Friedrich Merz hatte 2022 (öffentlich) ausgesprochen, was sicherlich viele Deutsche (heimlich) denken. Das Ergebnis: Abstemplung zum „Rechtspopulisten". Wen wundert es, dass viele Menschen einmal mehr den Eindruck gewinnen mussten, dass man besser nicht ausspricht, was man denkt. Ukrainern zu unterstellen, dass sie die üppigen Sozialleistungen in Deutschland kassieren wollen und dies ein wesentlicher Grund ist, in unser Land statt in ein anderes EU-land zu flüchten, ist „rechts".

2022 stand sogar im Raum, dass man nicht nur den Ukrainern, sondern auch den Russen Einlass gewähren sollte, die dem Regime von Russlands Präsident Wladimir Putin zu entfliehen suchten. Nachdem Russland eine Teilmobilisierung im Krieg gegen die Ukraine angekündigt hatte, suchten die EU-Staaten nach einer gemeinsamen Linie für den Umgang mit russischen Kriegsdienstverweigerern. Die deutsche Innenministerin dazu: „Wer sich dem Regime von Präsident Wladimir Putin mutig entgegenstellt und sich deshalb in größte Gefahr begibt, kann in Deutschland wegen politischer Verfolgung Asyl beantragen." Wie gefährlich offene Grenzen in Kriegsgebiete wie die Ukraine sind, zeigte beispielhaft eine kurz nach dem russischen Angriff aus der

Ukraine nach Deutschland eingereiste islamistische Terrorgruppe. Die Terroristen wurden glücklicherweise von der Polizei aufgespürt, bevor sie die Anschläge in Deutschland vornehmen konnten.[155]

Milliarden für die Migration

Während die Argumentation „die Migration bringt uns Fachkräfte nach Deutschland" wie dargelegt auf tönernen Füßen steht, sind die ausufernden Kosten der Migration nicht wegzudiskutieren – obgleich die Behörden genau dies probieren. So beschied das Bundesamt für Migration und Flüchtlinge auf eine entsprechende Anfrage im schlimmsten Bürokratendeutsch:

Gemäß § 25 VwVfG muss ich Sie darauf hinweisen, dass gemäß § 71 Abs. 1 Aufenthaltsgesetz die Zuständigkeit für aufenthaltsrechtliche Vollzugsmaßnahmen nicht beim Bundesamt, sondern bei den Ausländerbehörden liegt. Im Übrigen ist Ihre Anfrage in der vorliegenden Form zu unbestimmt. Zugangsbegehren müssen so bestimmt gefasst sein, dass der anspruchsverpflichteten Behörde eine Identifizierung der Dokumente, in die der Antragsteller Einsicht nehmen möchte, möglich ist (vgl. BeckOK InfoMedienR/Sicko IFG § 7 Rn. 14.1 m. w. N.). Ihr Antrag entspricht diesen Anforderungen nicht.[156]

Die bürokratische (Nicht-)Antwort ist an Dreistigkeit kaum zu überbieten, doch der gesellschaftliche Druck ist zu groß, als dass sich die Politik vor einer Antwort drücken könnte. So stellte der Bundestag im Mai 2023 klar:

Der Bund hat im Zusammenhang mit Flucht und Migration im Jahr 2022 Ausgaben von insgesamt rund 28 Milliarden Euro getragen. Davon seien über zwölf Milliarden Euro auf die Bekämpfung von Fluchtursachen entfallen …

Den größten Bestandteil der Gesamtsumme von 28 Milliarden Euro hätten die Zahlungen des Bundes von insgesamt rund 15 Milliarden Euro dargestellt, mit denen die Länder und Kommunen im Jahr 2022 unmittelbar oder mittelbar entlastet worden seien. Dazu zählten auch rund 4,6 Milliarden Euro des Bundes und der Kommunen im Jahr 2022 an Flüchtlings- und Integrationskosten. … Aus dem Bundeshaushalt seien zudem Integrationsleistungen in Höhe von rund 2,3 Milliarden Euro finanziert worden. Außerdem habe der Bund im Bereich der Sozialleistungen rund drei Milliarden Euro an Leistungen für Geflüchtete aus der Ukraine getragen.[157]

Die wahren Kosten liegen offenbar deutlich höher, wie sich aus Zahlen aus dem Bundesfinanzministerium ergibt, die nicht für die Öffentlichkeit bestimmt waren. Demnach wurden die Ausgaben im Zusammenhang mit Flucht und Migration im Jahr 2023 mit 48,2 Milliarden Euro veranschlagt – nach knapp 42 Milliarden Euro im Jahr 2022. Die Kosten für Flucht und Migration entsprachen damit 2023 ungefähr den Ausgaben für die Verteidigung von rund 50 Milliarden Euro.[158]

Um das in Relation zu setzen: Für den Bundeshaushalt 2023 waren Ausgaben in Höhe von 476,29 Milliarden Euro und eine Neuverschuldung in Höhe von 45,61 Milliarden Euro vorgesehen.[159] Mit anderen Worten: Ohne die Kosten für Flucht und Migration, also für Unterbringung, Versorgung und die Eindämmung der irregulären Zuwanderung, wäre eine Neuverschuldung im Jahr 2023 gar nicht notwendig gewesen. Insgesamt hat Deutschland seit 2016 rund 170 Milliarden Euro aufgewendet, um Fluchtursachen zu bekämpfen und Einwanderer zu integrieren.[160]

Vor allem die Bundesländer drängen auf immer mehr Geld des Bundes. „Je mehr Menschen ins Land kommen, um so mehr muss der Bund die Länder unterstützen“, formulierte Hessens Ministerpräsident Boris Rhein stellvertretend für seine Kollegen im Herbst 2023. Die Länder erwarteten ein „atmendes System“, bei dem sich die Unterstützung durch den Bund nach den tatsächlichen Flüchtlingszahlen richten und nicht pauschal erfolgen solle. Niedersachsens Ministerpräsident Stephan Weil forderte, dass der Bund 10.000 Euro pro Flüchtling und Jahr zahlen solle. Die rheinland-pfälzische Regierungschefin Manuela Dreyer erklärte, dass der vom Bund zugesagte Sockelbetrag von 1,25 Milliarden Euro für 2024 nur „ein Anfang“ sein könne.[161]

Immer mehr Menschen aus aller Welt, immer mehr fremde Kulturen, immer mehr Geld – seit 2023 ist eine erneute Zuspitzung der seit Jahren schwelenden Migrationsfragen zu verzeichnen. Das Thema Zuwanderung bewegt die Deutschen laut einer Umfrage mehr als jedes andere. 44 Prozent der Befragten nannten es im Herbst 2023 als das wichtigste politische Problem, um das sich die Politik vordringlich kümmern müsste. Auf dem zweiten Platz folgte weit abgeschlagen mit 18 Prozent der Bereich Umweltschutz und Klimawandel.[162]

Besinnung auf die Realität ab 2024

Angesichts dieser dramatischen Umfragewerte schien kurz vor Beginn des Jahres 2024 ein Ruck durch Deutschland zu gehen, der den zuvor verschleierten Blick auf die dramatischen Folgen der ungebremsten Migration freigab. Exemplarisch hierfür stand ein 26-Punkte-Papier der Unionsfraktion (CDU/CSU) vor einem Bund-Länder-Gipfel mit dem Schwerpunkt Migration im November 2023. 16 Punkte betrafen die Verschärfung von Asylregeln in Deutschland, zehn Punkte europäische Maßnahmen.[163]

Wie wenig die Debatte indes vorankommt, machte ein Blick auf die einzelnen Punkte deutlich. Die seit vielen Jahren geforderte Obergrenze kam einmal mehr ins Gespräch, dieses Mal mit der Forderung, dass Deutschland eine Asylzuwanderung bis maximal 200.000 Personen pro Jahr verträgt. „Das habt ihr doch schon Ende 2015 diskutiert“ möchte man kurz vor Weihnachten 2023 der politischen Mitte Deutschlands zurufen und den Kopf über acht Jahre Stillstand schütteln. Wobei es natürlich kein Stillstand war: die Migration in unser Land hat sich in dieser Zeit kräftig entwickelt. Wir sind stehengeblieben, die Zuzügler nicht.

Ähnlich verhält es sich mit der Ende 2023 „neuen“ Erkenntnis, dass man den in Deutschland Ankommenden besser Gutscheine oder Sachleistungen anstelle von Bargeld geben sollte. Schon seit Jahren ist zu beobachten, dass ein Großteil der Migranten einen Gutteil des von deutschen Behörden großzügig ausgezahlten Geldes in ihre Heimatländer überweisen – man spricht von sogenannte Remittances. Schon 2016, also ein Jahr nach Beginn der zweiten großen Flüchtlingswelle nach Deutschland, überwiesen hierzulande lebende Migranten rund 17,7 Milliarden Euro zurück in ihre Herkunftsländer. Das waren rund 6,5 Milliarden mehr als noch im Jahr 2007.

Um das in Relation zu setzen: 2016 betrug die deutsche Entwicklungshilfe insgesamt rund 7,8 Milliarden Euro. Mit anderen Worten: Rund 10 Milliarden Euro deutsches Steuergeld, die dazu dienen sollten, den Flüchtlingen hierzulande ein auskömmliches Leben zu ermöglichen, wurden also von diesen als Entwicklungshilfe für ihre Länder zweckentfremdet.[164] Diese Rücküberweisungen sind für viele Länder zu einem wichtigen Wirtschaftsfaktor geworden. Seit den 1980ern wächst mit der Globalisierung die Zahl der Migranten und mit ihnen der Finanztransfer. Dabei folgen die Geldflüsse den großen Migrationsströmen.[165]

Diese Zusammenhänge stellten 2016 und erst recht 2023 keine neue Erkenntnis dar. Und dennoch begann kurz vor 2024 die erneute Diskussion, den in Deutschland ankommenden Flüchtlingen Sachleistungen statt Bargeld zu geben. Allerdings sind die Aufbewahrung und Verteilung von Sachleistungen für Länder und Kommunen sehr bürokratisch. Und auch wenn es Sachleistungen gibt, muss nach den Vorgaben des Bundesverfassungsgerichts ein Taschengeld ausgezahlt werden[166] Man weiß gar nicht, ob uns unsere Uneinsichtigkeit in unbestreitbare Tatsachen, unsere Bürokratie oder unser rechtsstaatliches Verständnis mehr im Wege stehen, pragmatische Wege zu finden, Deutschland vor einer scheinbar unaufhaltsamen Überfremdung zu schützen. Doch kurz vor dem Jahreswechsel 2023/24 sollten es ein erneuter „Gipfel“ und eine „Kommission“ einmal mehr richten.

Migrationsgipfel 2023: Kommission soll's richten

Im November 2023 berief der amtierende Bundeskanzler einen gemeinsamen „Migrationsgipfel“ von Bund und Ländern ein.[167] „Unser gemeinsames Ziel ist es, die irreguläre Migration zurückzudrängen“, sagte er. Dafür sei die Geschlossenheit aller staatlichen Ebenen unverzichtbar. Das Ergebnis bezeichnete er als „historischen Moment“.[168] Kritiker erinnerten hingegen an eine ganze Reihe früherer Migrations- und Integrationsgipfel der letzten Jahre – auf keinem davon waren sichtbare Fortschritte zu verzeichnen. So trafen sich beispielsweise bereits 2015 unter der damaligen Bundeskanzlerin Angela Merkel europäische und afrikanische Länder bei einem Migrationsgipfel in Malta, um einen Aktionsplan mit konkreten Maßnahmen für die Eindämmung der Zuwanderung aus Afrika zu erarbeiten.[169] Seitdem hat die Migration indes massiv zu- statt abgenommen.

Ab 2024 soll es also der Bundes-Länder-Migrationsgipfel des Jahres 2023 in Berlin richten. So sollen Barauszahlungen an Leistungsempfänger nach dem Asylbewerberleistungsgesetz eingeschränkt werden. Um den Verwaltungsaufwand bei den Kommunen zu minimieren, wurde die Einführung einer Bezahlkarte beschlossen. Für Asylbewerber, die seit mehr als eineinhalb Jahren in Deutschland sind, sollen Leistungen eingeschränkt werden: Wenn sich ein Asylverfahren lange hinzieht, sollen nicht 18, sondern 36 Monate lang Leistungen aus dem Asylbewerberleistungsgesetz gezahlt werden. Zuvor stiegen die Sätze nach eineinhalb Jahren ungefähr auf Höhe der regulären Sozialhilfe – dieser Schritt soll künftig später erfolgen. „Das wird eine erhebliche Veränderung mit sich bringen", sagte Bundeskanzler Olaf Scholz dazu. Finanzminister Christian Lindner erklärte, die geplante Einschränkung könnte zu Einsparungen in Höhe von einer Milliarde Euro führen und fügte hinzu: „Durch diese Maßnahme wird auch die Anziehungskraft des deutschen Sozialstaats reduziert."[170] „Schön wär's", möchte man den Herren Scholz und Lindner zurufen, verbunden mit der Frage: „Glauben Sie ernsthaft, dass diese minimalen Änderungen den Migrationsstrom in Richtung Deutschland eindämmen werden?" Wird wirklich jemand davon abgehalten, sich auf den Weg nach Deutschland zu machen, weil er zunächst „nur" 410 Euro im Monat erhält, das nicht schon nach anderthalb, sondern erst nach drei Jahren auf 502 Euro monatlich erhöht wird? Denn genau darum geht es unter anderem im „historischen Moment 2023" des Bundeskanzlers. Irgendjemand aus dem Bundeskanzleramt hätte Olaf Scholz einmal darüber informieren wollen, wie viel Geld die Zuwanderer in ihren Herkunftsländern vom Staat erhalten, wenn sie nicht arbeiten.

Weitere Maßnahmen des Migrationsgipfels 2023: Asylverfahren für Angehörige von Staaten, für die die Anerkennungsquote weniger als fünf Prozent beträgt, sollen zügiger als zuvor abgeschlossen werden. Ziel ist es, das Asyl- und das anschließende Gerichtsverfahren jeweils in drei Monaten abzuschließen. In allen anderen Fällen sollen die Asylverfahren nach sechs Monaten beendet sein.[171] Wer solche politischen Ziele angesichts eines von der schieren Menge an Asylanträgen schon völlig überforderten Verwaltungsapparats ausgibt, der glaubt wohl auch an schönes Wetter, wenn er es sich nur fest genug wünscht. So dauerte allein das Gerichtsverfahren in der ersten Instanz 2023 durchschnittlich fast 22 Monate.[172]

Immerhin wurde auch beschlossen, dass die Grenzkontrollen an den Landesgrenzen zu Österreich, zur Schweiz, zur Tschechischen Republik und zu Polen aufrechterhalten werden sollen. Die Länder und die Bundespolizei wollen hierzu weiterhin eng bei der Bekämpfung der Schleusungskriminalität und der irregulären Einwanderung zusammenarbeiten.[173]

Die bisherige Flüchtlingspauschale des Bundes soll ab 2024 zu einer von der Zahl der Schutzsuchenden abhängigen Pro-Kopf-Pauschale weiterentwickelt werden („atmendes System"). Ab 2024 zahlt der Bund für jeden Asylerstantragssteller eine jährliche Pauschale von 7.500 Euro. In der ersten Hälfte des Jahres 2024 soll es eine Abschlagszahlung von 1,75 Milliarden Euro geben. Insgesamt rechnet die Regierung dadurch mit einer Entlastung bei Ländern und Kommunen von rund 3,5 Milliarden Euro.[174]

Tatsächlich war das wohl eher Augenwischerei fürs Volk: Die tatsächlichen Kosten je Flüchtling liegen bei etwa 20 000 Euro pro Jahr, konstatierte Nordrhein-Westfalens Ministerpräsident Hendrik Wüst. Die Differenz müssten die Länder und Kommunen tragen, sagte er – doch in Wirklichkeit sind es natürlich einmal mehr die Steuerzahler.[175]

Zudem kündigte die Bundesregierung auf dem Gipfel Ende 2023 an, zu prüfen, ob Asylverfahren außerhalb Europas möglich sind. Geprüft werden soll, ob die Feststellung des Schutzstatus von Geflüchteten unter Achtung der Genfer Flüchtlingskonvention und der Europäischen Menschenrechtskonvention zukünftig auch in Transit- oder Drittstaaten erfolgen kann.[176] Das war zweifelsohne eine interessante Idee – aber neu war sie 2023 ganz gewiss nicht mehr.

Wer nichts entscheiden möchte und Verantwortung von sich abschieben will, gründet eine Kommission. Gemäß diesem Motto kündigte die Bundesregierung Ende 2023 eine Kommission zu Fragen der Steuerung der Migration und der besseren Integration in Abstimmung mit den Ländern an. Um größtmögliche Distanz zur eigenen Verantwortung zu schaffen, sollen dabei gesellschaftliche Gruppen einbezogen werden – zum Beispiel Kirchen und Gewerkschaften, aber auch Wissenschaftler und Vertreter von Organisationen, die sich für die Belange von Asylbewerbern einsetzen.[177]

Der Friedensnobelpreisträger und langjährige US-Außenminister Henry Kissinger sagte 2023 über die deutsche Asylpolitik: „Es war ein großer Fehler, so viele Menschen mit einem kulturell und religiös vollkommen anderen konzeptionellen Hintergrund reinzulassen.“ Das sieht laut Umfragen ein Großteil der deutschen Bevölkerung genauso – auch wenn es als verpönt gilt, dies öffentlich auszusprechen, wie anderer Stelle in diesem Buch noch ausführlich dargestellt wird.

Die Fluchtwelle aus dem Gaza-Streifen

Im Februar 2022 hat Russland die Ukraine angegriffen und damit eine Fluchtwelle der dortigen Bevölkerung in Richtung der

EU und vor allem Deutschland ausgelöst. Im Sommer 2023 hielten sich mehr als eine Million Kriegsflüchtlinge aus der Ukraine in Deutschland auf – über 80 Prozent von ihnen mit Bürgergeld gut versorgt.

Noch bevor die damit verbundenen enormen Belastungen verkraftet werden konnten, tat sich die nächste Flüchtlingswelle aus dem Gazastreifen auf. Denn am 7. Oktober 2023 explodierte der seit Jahrzehnte schwelende Nahost-Konflikt geradezu. An diesem Tag feuerte die islamistische Terrororganisation Hamas über 2.200 Raketen auf Israel. Zeitgleich zu den massiven Luftangriffen drangen Hunderte Terroristen aus dem Gazastreifen in das Grenzgebiet nach Israel ein. Sie überfielen mit großer Brutalität Dörfer und Kibbuzim in Grenznähe, ermordeten und verschleppten die Einwohner.

Es würde den Rahmen dieses Buches sprengen, die Hintergründe und die vielfältigen möglichen Folgen dieser Entwicklung darzustellen und zu analysieren. *Eine* Auswirkung sei indes doch genannt: EU-Ratspräsident Charles Michel warnte angesichts des eskalierenden Konflikts zwischen Israel und der Hamas vor einem Anstieg der Flüchtlingsströme nach Europa. „Wenn es auf regionaler Ebene mehr Schwierigkeiten geben würde, hätten wir sofort riesige Schwierigkeiten auf europäischem Boden wegen der Flüchtlinge“, erklärte er unumwunden. Das hätte gravierende Folgen und würde „die Polarisierung bei einem der umstrittensten Themen in vielen europäischen Ländern verstärken“, so Michel. „Wir wissen, wie dies von einigen politischen Gruppen innerhalb der EU genutzt werden kann, um Kontroversen zu schüren und die EU noch mehr zu fragmentieren.“[178] Um es so deutlich zu formulieren, wie es Michel wohl niemals sagen würde: Europa läuft Gefahr, dass die Gewaltexplosion im Nahen Osten in Europa eine politische Explosion auslöst. Die Gefährdung geht von zwei Quellen aus: erstens der bei der europäischen

Bevölkerung über Jahre hinweg angestauten Wut über den ungehemmten Zuzug mit allen Folgen von der kulturellen Unterwanderung bis zur Zuwanderung in die Sozialsysteme, und zweitens von der Vielzahl von Moslems, die dabei in die EU gekommen sind und den Nahost-Konflikt mit ihrem Erzfeind Israel auch in den europäischen Ländern auszufechten versuchen. Es sei „nicht der richtige Zeitpunkt, um noch mehr Schwierigkeiten zu haben“, sagte Michel immerhin. Für die EU regte er die Strategie an, zwar keine Flüchtlinge aus dem Gazastreifen im großen Stil aufzunehmen, aber dem Nachbarland Ägypten großzügig mit Finanzhilfen unter die Arme zu greifen, damit die aus dem Gaza Geflüchteten dort Zuflucht finden könnten.

Um nicht missverstanden zu werden. Der neue Nahost-Krieg ist ebenso barbarisch wie der Einmarsch Russlands in die Ukraine zu verurteilen ist. Das ändert aber nichts an der Erkenntnis, dass die EU und auch Deutschland nicht bei jedem neuen Konflikt die Betroffenen aufnehmen kann, ohne nicht auf Dauer die eigene politische und gesellschaftliche Stabilität zu gefährden. So kam es schon kurz nach dem Hamas-Angriff auf Israel in vielen Städten in Deutschland und Europa zu Pro-Palästina-Demonstrationen. Berlin, Braunschweig, Düsseldorf, Frankfurt, Köln, München – überall gingen Menschen auf die Straßen, um sich lautstark für Palästina einzusetzen und gegen Israel zu wüten. Man konnte verstehen, warum sich viele in Deutschland lebende Juden Sorgen um ihre Sicherheit machten.[179] In vielen Städten kam es auch zu pro-israelischen Kundgebungen.

Zur Wahrheit gehört wohl die Erkenntnis, dass die Migrationspolitik der letzten Jahre unter anderem auch den Nahost-Konflikt nach Deutschland importiert hat – und das mit schlimmsten Folgen.[180]

So waren auf Kundgebungen in Deutschland – bei denen Männer und Frauen streng getrennt laufen – Transparente mit islamistischem Inhalt und in arabischer Sprache zu sehen, unter anderem mit der Forderung nach der Errichtung eines Kalifats hierzulande. Andere Teilnehmer zeigten den erhobenen Zeigefinger, der als Geste der radikalen Islamisten gilt. Wieder andere schwenkten Fahnen, die an islamistische Terrorgruppen wie den IS und die Taliban sowie die in Deutschland verbotene islamistische Bewegung Hizb ut-Tahrir erinnerten.[181]

Der Begriff des „importierten Islamismus" macht seitdem die Runde.[182] Es mag schon sein, dass Deutschland ein säkulärer Staat ist. Das bedeutet aber nicht, dass die Einwanderer ihre Religion ablegen, wenn sie in unser Land kommen. Für viele – die meisten? – von ihnen ist ihre Religion wichtiger als das Grundgesetz der Bundesrepublik Deutschland. Erstaunlich, dass über all die Jahre hinweg dies kaum jemandem aufgefallen zu sein scheint.

Allein schon die Rollenverteilung zwischen Mann und Frau wird im Islam völlig anders gesehen oder jedenfalls häufig anders gelebt, als es das Grundgesetz der Bundesrepublik Deutschland vorsieht. Ein Mann darf laut Koran mehrere Frauen heiraten, muss sie dann aber sowohl finanziell als auch emotional gerecht und gleich behandeln. Frauen dürfen nicht mehrere Männer gleichzeitig haben. Weiterhin spricht der Koran davon, dass die Männer „über den Frauen stehen", also über die Frauen bestimmen dürfen. So ist es ihnen beispielsweise erlaubt, „widerspenstige Frauen" zu ermahnen und auch zu schlagen.

Das Kopftuch stellt das sichtbare äußere Zeichen der Ungleichheit von Mann und Frau im Islam dar. Die muslimische Kleidung soll die Gläubigen so verhüllen, dass sie nicht das Interesse des anderen Geschlechts auf sich ziehen. Frauen sollen zusätzlich mit einen „Hijab“ (übersetzt etwa: Schleier oder Tuch) ihre Haare bedecken, weil diese als besonders weiblich und damit verführerisch gelten. Die Londoner Journalistin Nesrine Malik, die im Sudan aufwuchs und selbst jahrelang gegen ihren Willen den Gesichtsschleier Niqab tragen musste, schreibt dazu: „Wer muslimischen Frauen im Westen aus religiösen Gründen das Kopftuch erlauben will, vergisst dabei, dass diese Freiheit oft von sozialem Druck bestimmt ist. Und wer es ablehnt, weil es angeblich die Frauen unterdrückt, schiebt ihnen seine eigenen Ansichten über ihre Motivation unter.“

In vielen muslimischen Familien gilt es noch immer als höchstes Ziel, dass eine Frau gut verheiratet wird und als Jungfrau in die Ehe geht. Um dieses Ziel zu erreichen, werden viele junge Mädchen in muslimischen Ländern auch heute noch praktisch weggesperrt. „Hausarrest ab der Pubertät – um ihre Jungfräulichkeit zu gewährleisten, werden Millionen von muslimischen Frauen zum Verrichten häuslicher Arbeiten und zu ewiger Langeweile verurteilt“, schreibt die Islamkritikerin Ayaan Hirsi Ali in ihrem Buch „Ich klage an“. Für Jungen und Männer gelten dagegen solche Einschränkungen nicht.[183]

Freilich werden diese muslimischen Archetypen heute von vielen Moslems in Europa nicht mehr so ausgelebt, wie es in ihren Herkunftsländern der Fall ist. Aber die Grundmuster sind oftmals eben doch noch in den Familien vorhanden.

Der Irrglaube vom „Euro-Islam“

Der aus Syrien stammende Politologe Prof. Dr. Bassam Tibi hat schon vor Jahren auf die Gefahren hingewiesen, die Europa durch die Zuwanderung nicht integrationswilliger Muslime drohen. Als Antwort auf den islamischen Fundamentalismus forderte er eine „europäische Leitkultur“ und entwarf die Vision eines modernen „Euro-Islams“.[184] Er erteilte dem politischen Islam eine klare Absage: Die Kernaussage des politischen Islams, dass es überhaupt nur einen Islam gäbe, sei grundlegend falsch. Religiöse Spiritualität sei eine individuelle Angelegenheit, die Politisierung des Islams eine Fälschung. Der von Tibi entworfene Euro-Islam sollte von Anfang an keineswegs auf Europa beschränkt sein, sondern ein weltweites Vorbild für einen reformierten Islam darstellen. Nun mag man diese Entwicklungen und Verästelungen des islamischen Glaubens als interessant einstufen – aber mit Deutschland sollten diese Betrachtungen im Grunde nichts zu tun haben. Haben sie aber, weil wir den Islam über Jahre hinweg „importiert“ haben, ohne die damit verbundenen Folgen zu berücksichtigen.

Eine in diesem Zusammenhang weniger beachtete, aber historisch für Deutschland natürlich besonders relevante Gruppe – die Juden – leiden unter dem Zuzug muslimischer Gläubiger besonders stark. So wurden 2023 mehr als 1.500 antisemitische Straftaten in Deutschland gezählt, mehr als jemals zuvor seit dem Holocaust. Der „Schutz jüdischen Lebens ist Bürgerpflicht“, erklärte Bundespräsident Frank-Walter Steinmeier. Er sagte „Seit dem 7. Oktober ist nichts mehr, wie es war“ und meinte damit den Angriff der Terrororganisation Hamas auf Israel im Herbst 2023.[185] Aber möglicherweise sollte sich die Vorausschau als umfassender erweisen, als sie gemeint war: Vieles spricht dafür, dass sich diese Terrorwelle auch in Deutschland breit machen wird.

Prof. Dr. Basam Tibi befürchtete bereits 2001, dass Europa ein Sammelwohngebiet ohne eigene Identität zu werden drohe, zu einem Schauplatz ethnischer Konflikte. Doch statt auf ihn zu hören, wurde er von der wissenschaftlichen und von der politischen Elite in Deutschland ausgegrenzt.[186] Mit Eintritt ins Jahr 2024 wissen wir, dass seine Warnungen mehr als berechtigt waren, seine beinahe schon prophetischen Vorhersagen haben sich bewahrheitet.

Der Leiter des Zentrums für Radikalisierungsforschung und Prävention (ZRP) warnte 2023: „Am ZRP haben wir uns sehr lange mit diesem Thema auseinandergesetzt und auch vor islamistischen Tendenzen gewarnt. Jetzt ist das Kind aber fast schon in den Brunnen gefallen. Wir müssen jetzt dringend gegensteuern.“[187]

Bereits 2016 erklärte der Harvard-Ökonom George Borjas, einer der renommiertesten Migrationsforscher der Welt: „Deutschland wird einen hohen Preis für die Politik der offenen Tür zahlen – einen Preis, der vermutlich höher ist als der für das Schließen der Grenzen.“ Borjas, der selbst als Flüchtling aus Kuba nach Amerika kam, sagte damals, als die Fluchtwelle aus Syrien besonders stark war: „Ich habe große Sympathie für die Menschen, die aus Syrien fliehen. Aber Deutschland überfordert sich, wenn es versucht, die Welt zu retten. Einwanderer bringen nicht nur ihre Arbeitskraft, sondern auch ihre Kultur mit. Das politische, ethnische und kulturelle Gleichgewicht der deutschen Gesellschaft verschiebt sich unweigerlich.“ Wer heute durch die City einer beliebigen deutschen Klein- oder Großstadt läuft, erkennt: Deutschland hat die Kontrolle über seine Bevölkerungsentwicklung verloren. Zugegebenermaßen gilt das nicht nur für Deutschland.

Um nochmals George Borjas, der in den USA lebt, zu zitieren: „In den vergangenen 20 Jahren hat sich die Zahl der illegalen Einwanderer in den USA von zwei auf elf Millionen erhöht. Wir haben die Kontrolle über unsere Grenzen verloren. In den USA haben sich Parallelgesellschaften gebildet, die für enorme gesellschaftliche Spannungen sorgen. Die politische Elite erzählt den

Menschen, Einwanderung sei für alle von Vorteil. Doch das ist ein Lüge. Einwanderung ist mit der Umverteilung von Wohlstand verbunden.“ Mehr noch als für die USA gilt das für Europa, wo die wohlfahrtsstaatlichen Leistungen üppiger fließen als in Amerika. Borjas analysiert: „Die Wohlfahrtsstaaten in Europa verteilen in hohem Maße Einkommen und Vermögen von Qualifizierten zu Unqualifizierten um. Auf diese Weise ziehen sie Migranten an, die im Schnitt weniger leistungsbereit und -fähig sind. Für die heimische Bevölkerung ist die Einwanderung eine finanzielle Belastung.“ Die Empfehlung Borjas‘, um diese verheerende Entwicklung zu stoppen, lässt sich in zwei Worten zusammenfassen: Grenzen dichtmachen.[188]

Nordafrikas Schuldenkrise: die nächste Fluchtwelle

Syrien, Afghanistan, Ukraine, Gaza – Kriege treiben Menschen in die Flucht; das ist verständlich. Doch häufig genügt es schon, wenn das Geld drückt, um eine neue Fluchtwelle auszulösen. Der Internationale Währungsfonds (IWF) geht von einer deutlichen wirtschaftlichen Schwäche der Schwellenländer in Nordafrika und im Nahen Osten für 2023 aus. Angesichts der Inflation, hoher Zinssätze und Turbulenzen auf dem globalen Bankenmarkt wird mit einer Halbierung des Wirtschaftswachstums gerechnet.

In Tunesien sank die Kaufkraft der Menschen 2023 dramatisch Libyen wurde von politischen Unruhen und wirtschaftlichen Verwerfungen erschüttert – das Land, über das bereits Millionen Migranten nach Europa kamen. In Ägypten drohte der Zahlungsausfall, und eine erneute Wirtschaftskrise in Syrien sorgte für die heftigsten Proteste seit Beginn des Bürgerkriegs zwölf Jahre zuvor. Selbst die Türkei, immerhin größte Volkswirtschaft südlich von Europa, ist 2023 wirtschaftlich ins Straucheln geraten. Kurzum: In Nordafrika und im Nahen Osten braute sich 2023 eine neue Schuldenkrise zusammen – mit Folgen für Europa. So rechnete man in Brüssel damit, dass die Flüchtlingsströme ab 2024 dadurch noch einmal deutlich anschwellen werden.[189]

Doch es geht in Afrika keineswegs nur ums Geld; ebenso sehr tragen die korrupten Regime und blutigen Auseinandersetzungen zwischen rivalisierenden Banden und um die Vorherrschaft ringenden Stämmen zum Desaster bei.

Beispiel Nigeria: Kaum ein halbes Jahr kündigte der nigerianische Präsident Bola Tinubu kurz vor Jahresbeginn 2024 an, für die dringend benötigten Reformen noch Zeit zu brauchen. Hingegen fand er die Zeit, die Mittel für eine Präsidentenjacht, teure Dienstfahrzeuge für das Büro der First Lady und Renovierungsarbeiten im Wohnhaus des Präsidenten freizugeben. Das Geld war dem Etat für Studentenkredite entnommen worden. Erst kurz zuvor hatte die 460 Mitglieder zählende Nationalversammlung des Landes verabschiedet, dass alle Abgeordneten jeweils einen neuen Geländewagen im Wert von etwa 150.000 Dollar erhalten sollen. Die Fahrzeuge würden ihnen helfen, ihre Arbeit besser zu erledigen, lautete die fadenscheinige Begründung.[190] Mit einer solchen politischen Kaste an der Spitze wird es Nigeria wohl niemals gelingen, die Armut abzuschütteln. Es ist eines der vielen Beispiele, wie die politischen Machenschaften in Afrika die Menschen nach Europa treiben in der Hoffnung, hierzulande ein besseres Leben vorzufinden.

Beispiel Sudan: Seit Frühjahr 2023 bekämpfen sich in dem nordostafrikanischen Land Regierungstruppen und Paramilitärs. Es kommt immer wieder zu grausamen Massakern. So töteten im November 2023 Kämpfer der paramilitärischen Rapid Support Forces rund 1.300 Menschen in einem Flüchtlingscamp an der Grenze zum Tschad; 2.000 Menschen wurden teilweise schwer verletzt. Ein Augenzeuge des Massakers, das drei Tage andauerte, schilderte dem Sender Al-Jazeera: „Sie gingen auf der Suche nach Männern von Haus zu Haus und töteten jeden, den sie gefunden haben. Es lagen viele Leichen auf der Straße.“[191]

Es ist also verständlich, wenn sich die Menschen aus Afrika auf den Weg nach Europa machen. Allerdings importieren sie damit häufig auch die Kämpfe ihrer Heimat nach Europa, wie am Beispiel Eritrea mehrmals in Deutschland deutlich wurde. In der Diktatur mit gut drei Millionen Einwohnern im Nordosten Afrikas herrscht ein strenges Wehrdienst- und Zwangsarbeitssystem, vor dem die Menschen ins Ausland fliehen – viele nach Deutschland. Doch hierzulande kommt es immer wieder zu gewaltsamen Auseinandersetzungen bei sogenannten Eritrea-Festivals. Im Juni 2023 wurden bei einer derartigen Veranstaltung in Gießen mit etwa 2.000 Teilnehmern Polizisten mit Steinen, Flaschen und Rauchbomben angegriffen. „Wir mussten beobachten, wie unsere Straßen zum Tatort wurden“, sagte Gießens Oberbürgermeister Frank-Tilo Becher.[192] Zu einer Wiederholung kam es in Stuttgart im September 2023. Beim dortigen Eritrea-Festival griffen rund 200 Afrikaner Polizisten mit Steinen, Flaschen und Holzlatten an. 26 Beamte wurden verletzt. 228 Personen wurden festgenommen. Stuttgarts Oberbürgermeister Frank Nopper erklärte: „Wir müssen mit aller Entschiedenheit gegen die Austragung von Konflikten aus anderen Staaten auf deutschem Boden vorgehen.“ Das dürfte eine der größten Herausforderungen in den nächsten Jahren darstellen. Denn im gleichen Monat kam es in Berlin zur Massenschlägerei mit über 100 Personen zwischen verfeindeten Großfamilien aus Syrien und dem Libanon.[193] Seit Herbst 2023 wird zudem der Nahostkonflikt in Europa und damit auch in Deutschland ausgetragen. Indem wir Menschen aus aller Herren Länder bei uns aufnehmen, machen wir offensichtlich auch deren Konflikte zu unseren – oder jedenfalls finden die Kämpfe bei uns statt.

Die Rolle der UNO

Das fremdländische Stadtbild der meisten deutschen Städte und die weltweiten Aktivitäten der Vereinten Nationen (UNO) hängen enger zusammen, als man gemeinhin vermuten würde. Im Bemühen, unseren Erdball zu einer besseren Welt zu machen, hat die UNO leider in vielen Fällen unfreiwillig bewiesen, dass „gut gemeint" und „gut gemacht" zwei Paar Schuhe sind. Dazu gehört der Themenkomplex Migration.

Die Vereinten Nationen wurden nach dem Zweiten Weltkrieg am 24. Oktober 1945 gegründet mit dem Ziel, einen Dritten Weltkrieg unter allen Umständen zu verhindern. Gleichzeitig will die UNO die Auswirkungen von Kriegen überall auf der Welt lindern. Dazu gehört auch der menschenwürdige Umgang mit Flüchtlingen, die durch Krieg oder andere Ursachen aus ihrer Heimat vertrieben werden. Am 28. Juli 1951 wurde die Genfer Flüchtlingskonvention (GFK) verabschiedet, die über Jahrzehnte hinweg die weltweit anerkannte Grundlage für den Umgang mit Flüchtlingen darstellt.[194]

Aber erst seit der Jahrtausendwende gerieten die Themen Migration und Bevölkerungsentwicklung wieder verstärkt ins Blickfeld der Vereinten Nationen. Im Jahr 2000 veröffentlichte die Abteilung Bevölkerungsfragen der UNO (UN Population Division) eine bemerkenswerte Studie mit dem Titel „Bestandserhaltungsmigration: Eine Lösung für abnehmende und alternde Bevölkerungen?" (Replacement Migration: Is it a Solution to Declining and Ageing Populations?).[195] Die Staatengemeinschaft beschäftigte also die Frage, ob ihre Länder angesichts des Bevölkerungsrückgangs und der Überalterung in vielen Staaten nicht sozusagen im wörtlichen Sinne vom Aussterben bedroht sind. Daher wurde „Bestandserhaltungsmigration“ definiert als „Zuwanderung aus dem Ausland, die benötigt wird, um den Bevölkerungsrückgang, das Schrumpfen der erwerbsfähigen Bevölkerung sowie die allgemeine Überalterung der Bevölkerung auszugleichen“. Die UNO legte mehrere Szenarien zur Entwicklung in Deutschland, Frankreich, Großbritannien, Italien, Europa, der Europäischen Union, Japan, Südkorea, den USA und der Russischen Föderation bis 2050 vor. Das Fazit der Studie war eindeutig: Für die meisten Industrienationen ist eine hohe Zuwanderung zwingend notwendig, um der Überalterung und dem Aussterben vorzubeugen.

Globale Umsiedlung

In einem der Szenarien, das darauf abzielt, die Bevölkerung im erwerbsfähigen Alter konstant zu halten, wird für Deutschland eine notwendige Nettomigration 1995 bis 2050 von insgesamt 25,2 Millionen Menschen errechnet, für die Europäische Union übrigens von 79,6 Millionen. Die Gesamtbevölkerung im Jahr 2050 in Deutschland wird hierbei auf immerhin 92 Millionen Menschen veranschlagt. Die „mittlere Variante“ geht von 11,4 Millionen Zuwanderern in 55 Jahren aus, eine weitere Variante von 40,5 Millionen und damit 113,2 Millionen Einwohnern 2050. Mit anderen Worten: Die Vereinten Nationen stuften die Migration in die Industrieländer wie Deutschland als äußerst sinnvoll und sogar zwingend notwendig ein, während gleichzeitig eine erstarkende nationale Politik in diesen Ländern genau das Gegenteil anstrebte. Der Konflikt war von Anfang an vorprogrammiert.[196]

Die UNO-Strategie des „Resettlement“ betont, also – wie es wörtlich hieß – „der Transfer von Flüchtlingen von einem Asylland in ein Drittland, das sich zu dauerhafter Aufnahme bereit erklärt hat." Wer von einem globalen Umsiedlungsprogramm spricht, gehört also nicht zwangsläufig zur Gruppe der Verschwörungstheoretiker, sondern zitiert schlichtweg die UNO.[197]

Deutschland nimmt an diesem Transfer bereits seit 2011 im Rahmen eines „Pilotprogramms" teil. 2014 beschloss die Innenministerkonferenz eine Ausweitung des Resettlement-Programms, erfuhr die erstaunte Öffentlichkeit. 500 Flüchtlingen sollten laut Beschluss jährlich dauerhaft in Deutschland angesiedelt werden. Aber schon zwei Jahre später, 2016 und 2017, wurden die Zahlen erhöht auf faktisch 800 Migranten jährlich, die in Deutschland angesiedelt werden sollen. Das sind noch keine großen Zahlen, befördert aber die Angst, dass der neue UNO-Pakt den Zustrom in den 2020er Jahren in die Höhe schnellen lässt. Vor allem war und ist es die Summe aller Migrationsquellen – vom UNO-Pakt über den Krieg in Syrien, die Lage in Afghanistan, die Kriege in der Ukraine und im Nahen Osten oder die Situation in Teilen Afrikas – die die Vermutung nahelegt, dass es immer mehr Menschen aus aller Herren Länder nach Europa und insbesondere nach Deutschland zieht.

UNO-Migrationspakt

Im Angesicht der Asylantenwelle, die seit 2015 auf Europa zukam und bei der deutlich wurde, dass die europäischen Länder nicht „einfach so" bereit und auch schlichtweg überfordert waren, Asylsuchende in derart großer Zahl aufzunehmen, bereitete die UNO zwei neue weltweite Verträge zum Umgang mit Flüchtlingen und Migranten vor. Die 193 UN-Mitgliedstaaten einigten sich am 19. September 2016 auf dem Gipfel für Flüchtlinge und Migranten in ihrer New Yorker Erklärung (New York Declaration) darauf, zwei neue Rahmenwerke zu diesem Thema bis Ende

2018 zu erarbeiten. Ein „Globaler Pakt für Flüchtlinge“ (Global Compact on Refugees) sah vor allem eine verbesserte Unterstützung der Hauptaufnahmeländer von Flüchtlingen sowie mehr international koordinierte Maßnahmen bei großen Fluchtbewegungen für Menschen vor, die den Kriterien der Genfer Flüchtlingskonvention entsprechen.[198] Ein „Globaler Pakt zu sicherer, geordneter und regulärer Migration“ (Global Compact for Safe, Orderly and Regular Migration) legte die Grundlagen für eine verstärkte Kooperation aller Länder in der internationalen Migrationspolitik fest.[199] Dieser zweite Pakt knüpfte unmittelbar an die im September 2015 verabschiedete UNO-Agenda 2030 mit ihren 17 „Sustainble Development Goals“ an, also 17 Zielen für eine nachhaltige Entwicklung auf unserer Erde.[200]

Der von der UNO erarbeitete Migrationspakt wurde auf der sogenannten Marokko-Konferenz 2018 angenommen. UNO-Generalsekretär António Guterres machte dazu in einer Erklärung am 12. Januar 2018 klar, dass die UNO die weitere weltweite Migration für unumgänglich, positiv und zu bewältigen hält. Er sagte: „Migration treibt Wirtschaftswachstum an, reduziert Ungleichheiten und verbindet unterschiedliche Gesellschaften. ... Der demografische Druck und der Einfluss des Klimawandels auf verletzliche Gesellschaften werden wahrscheinlich zu weiterer Migration in den kommenden Jahren führen. ... ist dies eine beispiellose Gelegenheit für die politisch Verantwortlichen, die schädlichen Mythen gegenüber Migranten anzugehen und eine gemeinsame Vision zu entwickeln, durch die Migration für all unsere Nationen funktionieren kann. ... Migranten leisten enorme Beiträge sowohl für ihre Gast- als auch ihre Herkunftsländer. Indem sie von der lokalen Bevölkerung unbesetzte Stellen füllen, stärken sie die Wirtschaft. ... Migranten leisten außerdem einen entscheidenden Beitrag zur internationalen Entwicklung, indem sie Geld in ihre Heimatländer überweisen. Im vergangenen Jahr lag der Gesamtbetrag dieser Geldtransfers bei 600 Milliarden Euro (gemeint wohl: US-Dollar), dreimal höher als die weltweite Entwicklungshilfe. ... Zum Wohl von Wirtschaft, Gesellschaft und Migranten müssen Staaten ... den Gesetzesrahmen stärken, durch den sie Migranten verwalten und schützen. Staaten, die Migration oder den Zugang von Migranten zum Arbeitsmarkt massiv beschränken, fügen sich selbst unnötigen wirtschaftlichen Schaden zu, indem sie verhindern, dass legale Migration ihren Bedarf an Arbeitskräften deckt. Und noch schlimmer: Sie befördern illegale Migration. ... Migranten, denen legale Einreisemöglichkeiten verwehrt werden, greifen unweigerlich auf illegale Methoden zurück. Legale Einreise zu ermöglichen, ist der beste Weg, das Stigma der Illegalität und des Missbrauchs von Migranten zu beenden, Anreize für Regelverstöße zu beseitigen und den Arbeitsmarkt effektiv mit ausländischen Arbeitskräften zu versorgen. ... Es reflektiert auch das akute politische Versagen: Unregulierte Massenbewegungen in aussichtslosen Umständen befeuern das Gefühl, dass Staatsgrenzen bedroht sind und Regierungen die Kontrolle verloren haben. Dies wiederum führt zu drakonischen Grenzkontrollen, welche unsere gemeinsamen Werte untergraben und die Tragödien der letzten Jahre fortbestehen lassen. ... Wir müssen unsere Verpflichtungen erfüllen und das Leben und die Menschenrechte jener Migranten schützen, die vom bestehenden System im Stich gelassen wurden.“[201]

Dementsprechend plädierte der UNO-Generalsekretär dafür, „Maßnahmen (zu) ergreifen – durch Entwicklungszusammenarbeit, Klimaverhandlungen und Konfliktprävention –, um solch unregulierte große Bewegungen von Menschen in der Zukunft zu vermeiden“. In seinem Bericht „Making Migration Work for All“, verteilt im Dezember 2017, der eine Art Vorentwurf des Globalen Migrationspakts darstellte, bezifferte Guterres die Zahl internationaler Migranten auf derzeit 258 Millionen Menschen, mit steigender Tendenz, und verkündete: „Die fundamentale Herausforderung, vor der wir stehen, besteht darin, den Nutzen von Migration zu maximieren, anstatt sich obsessiv mit der Minimierung der Risiken zu befassen".[202]

Der Bericht des Generalsekretärs beschrieb auf 25 Seiten umfassend die Strategie der Vereinten Nationen beim Thema Migration. Das Papier war als eine Blaupause für die Mitgliedsstaaten konzipiert, die sich dieses Konzept nach den Vorstellungen der UNO wohlwollend zu eigen machen sollten. Der Bericht las sich gut, sehr gut, aber er schien auch weit, sehr weit, sowohl vom politischen Alltag der Regierungen in den betroffenen Staaten als auch von deren Bevölkerung entfernt zu sein.

Im Kern gingen die Vereinten Nationen davon aus, dass Migration, gleichgültig in welcher Form, eine Bereicherung für die Aufnahmestaaten darstellt. Schon dies stellte eine Annahme dar, die unabhängig davon, ob sie richtig oder falsch ist, im politischen Alltag der westlichen Industrienationen keine Verankerung findet. Zwar hieß es auch im Guterres-Bericht: „Wir müssen auch Respekt gegenüber Gemeinschaften zeigen, die befürchten, Verlierer der Migration zu sein. Zwar gibt es stichhaltige Beweise dafür, dass sowohl Aufnahme- als auch Herkunftsländer von der Migration profitieren, aber wir können vor den Wahrnehmungen und Sorgen der Bürger nicht unsere Augen verschließen. Dort wo Ungleichheit und wirtschaftliches Elend herrschen, wird der Migration häufig die Schuld dafür zugewiesen. Sicherlich muss man erklären, warum solche Auffassungen irregeleitet sind, wenn man aber sicherstellen will, dass Migration allen nutzt, muss man auch auf die tiefergehenden Unsicherheiten und Ängste aller Bürger eingehen." Anders formuliert: Wer die Annahme, dass die Aufnahmestaaten in jedem Fall von der Migration profitieren, infrage stellt, ist „irregeleitet".

Weiter hieß es bei der UNO: „Migranten bringen Fachwissen und Unternehmergeist mit, die ihren Aufnahmegesellschaften zugutekommen. Migration trägt ebenso zur Verbesserung von Qualifikationen und Bildung in den Herkunftsländern bei. Migranten und Rückkehrer verbreiten Ideen und motivieren andere dazu, sich wirtschaftlich verbessern zu wollen." Es war ein schönes Menschenbild, das hier gezeichnet wurde, ein Idealzustand, für den es sicherlich auch zahlreiche Beispiele gibt. Und es stand den Vereinten Nationen und ihrem Generalsekretär sicherlich gut an, von einem solchen positiven Menschenbild auszugehen. Aber es spiegelte in keiner Weise die Welt wider, in der sich die Bevölkerung etwa in Deutschland seit 2015 wähnte.

Bei der Sprache mahnte die UNO zu „Political Correctness". Wörtlich hieß es bei Guterres: „Zur Förderung einer respektvolleren Migrationsdebatte gehört letztlich auch die Vermeidung einer entmenschlichenden Sprache. Wer sich abwertend über „illegale Einwanderer" äußert, verhindert einen vernünftigen Dialog über die Beweggründe und Bedürfnisse dieser Menschen. Selbst im Rahmen objektiver Analysen wird auf ein Vokabular zurückgegriffen, dass zwar neutral sein soll, aber doch einen Mangel an Respekt ausdrückt. Statistiksachverständige etwa sprechen, ohne dass sie damit negative Konnotationen beabsichtigen, von „Beständen" und „Strömen", wenn sie sich auf die Zahl der Migranten in einem Land und die Menschen, die unterwegs sind, beziehen. Doch wenn wir uns im öffentlichen Diskurs solcher Begriffe bedienen, laufen wir Gefahr, Menschen auf bloße Messgrößen zu reduzieren. Unser Ziel sollte sein, den Diskurs über Migranten so zu führen, dass ihre Würde und ihre Rechte respektiert werden, genauso wie wir die Bedürfnisse und Meinungen der Gemeinschaften, die von der Migration betroffen sind, respektieren müssen."

Das war einerseits sicherlich richtig. Andererseits markierte es den Beginn einer Art „Sprachpolizei“, also des Gefühls, man dürfte nicht mehr alles sagen, was man denke, ohne dafür gesellschaftlich geächtet zu werden, wie an anderer Stelle in diesem Buch aufgezeigt wird. Das war und ist verheerend, weil es das Narrativ befördert „Wir werden von fremdländischen Kulturen überrollt und dürfen nicht einmal darüber reden“. Im Jahr 2023 scheint eben dieses Narrativ weitgehend Erfüllung gefunden zu haben. Wer die Migration kritisch hinterfragt, wird sehr schnell aufs politische Abstellgleich und in die „Pfui-Ecke“ geschoben.

Dabei musste man feststellen, dass die UNO selbst sehr stark auf manipulative Begriffe setzte. Insbesondere verwendete sie durchweg den Begriff der „irregulären Migration“, wenn eigentlich eine „illegale Migration“ gemeint war. Es war genau dies, was einer einheimischen Bevölkerung schwer vermittelbar war, dass Gesetze scheinbar außer Kraft treten, wenn es um Zuwanderung geht. Dass für sie der Grenzübertritt ohne Ausweis illegal sein soll, für andere aber nur irregulär. Diejenigen, denen die Humanität am Herzen liegt, tappten in die Falle der politischen Korrektheit. Immerhin räumte der UNO-Bericht ein: „Tritt ... innerhalb kurzer Zeit eine große Zahl an Migranten in einen Arbeitsmarkt ein, kann sich dies kurzfristig destabilisierend auf Beschäftigung und Löhne auswirken. Die nationale Migrationspolitik sollte daher den Bedürfnissen der lokalen Gemeinschaften und Erwerbsbevölkerung Beachtung schenken.“

Gleichzeitig sorgte sich der UNO-Generalsekretär, dass die Migranten, wenn sie von den Aufnahmestaaten nicht in ordentliche Arbeitsverhältnisse gebracht werden, „in der Untergrundwirtschaft arbeiten“. Er schrieb: „Neueren Schätzungen zufolge sind 23 Prozent der 24,9 Millionen Menschen, die weltweit Zwangsarbeit leisten, internationale Migranten, wohingegen sie nur etwa 3,4 Prozent der Weltbevölkerung ausmachen.“

Antonio Guterres forderte zudem im Namen der Vereinten Nationen die Öffnung von „mehr legalen Zugangswegen“ und bezweifelte, dass Rückführungen „die gewünschte abschreckende Wirkung haben“.

„Wir müssen mehr tun, um die Fluchtursachen in den Herkunftsländern der Zuwanderer zu bekämpfen“, lautete eine häufig geäußerte Forderung auch in der deutschen Politik. So schrieb die Friedrich-Ebert-Stiftung in einer Stellungnahme „Fluchtursachen Made in Europe: „Für viele ist die Entscheidung, ihr Zuhause zu verlassen, eine notwendige Anpassungsstrategie an sich verschlechternde Lebensbedingungen und hat tief liegende politische, ökologische und wirtschaftliche Ursachen. Zahlreiche Faktoren machen das Leben in vielen Teilen unseres Planeten zunehmend unerträglich oder sogar unmöglich. Menschen fliehen vor Konflikten und Kriegen, und je länger die Gewalt andauert, desto länger sind sie zu einem oftmals prekären Leben als Flüchtlinge gezwungen. Naturkatastrophen wie Dürren gefährden immer mehr Existenzen und befeuern Konflikte über knappe Ressourcen. Diskriminierung bis hin zur offenen Verfolgung lassen Menschen oft keine andere Wahl, als zu fliehen. Armut, Ungleichheit und Perspektivlosigkeit besonders unter Jugendlichen grassieren in vielen Gesellschaften.“[207]

Hingegen sah die UNO nur begrenzte Möglichkeiten, mit Entwicklungshilfe vor Ort die Migrationsbewegungen einzudämmen. Schon im Guterres-Bericht vom 12. Dezember 2017 hieß es dazu: „Zwar besteht in der Tat ein Zusammenhang zwischen Migration und Entwicklung, doch muss die Vorstellung angezweifelt werden, dass Staaten mit hohem Einkommen die Zuwanderung aus Staaten mit niedrigem Einkommen ganz einfach verringern können, indem sie die Entwicklungshilfe aufstocken. Dieser Gedanke beruht auf der Annahme, dass mit steigendem Wohlstand der Staaten immer weniger ihrer Bürgerinnen und

Bürger das Bedürfnis haben, ihr Glück im Ausland zu suchen. Jüngere Untersuchungen legen jedoch den Schluss nahe, dass der Zusammenhang zwischen Entwicklungshilfeleistungen und Migration nicht ganz so direkt oder linear ist. Internationale Entwicklung ist für sich genommen schon eine gute Sache, und Migration ist ein fester Bestandteil einer nachhaltigen Entwicklung weltweit.“ Alle UNO-Mitgliedsstaaten sollten auf nationaler Ebene Aktionspläne erstellen und die Migration in Strategien in den Bereichen Entwicklung, Gesundheit, Bildung, Wohnungswesen, Beschäftigung und soziale Inklusion integrieren.

Natürlich war das Ziel nachvollziehbar, angesichts weiterer Flüchtlings- und Migrationsströme – die im Übrigen von der UNO als unaufhaltsame Entwicklung eingestuft wurden – einen globalen Rahmen zu schaffen. Dabei wurde allerdings den Aufnahmestaaten die äußerst schwierige Rolle zugeschrieben, für unzählige Menschen aus dem Ausland annehmbare Rahmen- und Lebensbedingungen zu schaffen. Insbesondere genügte es den Vereinten Nationen keineswegs, die Geflüchteten in Sicherheit zu bringen, sondern es ging deutlich weiterführender darum, sie möglichst nahtlos in den Arbeitsmarkt der Aufnahmeländer einzugliedern. Besonders damit war der Spagat zwischen der internationalen Ordnung und der Souveränität der Nationalstaaten äußerst schwierig. Mögliche problematische Auswirkungen auf die Aufnahmeländer wurden von der UNO zwar thematisiert, aber eher kleingeredet. Dazu zählten Veränderungen der Gesellschaftsstrukturen, mögliche Unverträglichkeiten und Konflikte kultureller Werte, die geringe formale Bildung und unzureichende berufliche Qualifikation von Teilen der Zuwandernden oder die hohe Beanspruchung vorhandener Sozialsysteme.

Ungeachtet dessen signalisierte das Europäische Parlament am 18. April 2018 in einer langen Entschließung den Vereinten Nationen Zustimmung sowohl zur „Global Compact for Safe,

Orderly and Regular Migration" als auch zur „Global Compact on Refugees".[203] Nur einen Tag später diskutierte der Deutsche Bundestag im Rahmen einer Aktuellen Stunde über das geplante UNO-Regelwerk. Dabei stellten sich alle demokratischen Parteien hinter die internationalen Absichtserklärungen.[204]

Auf eine kleine Anfrage antwortete die Bundesregierung unter anderem: „Der globale Migrationspakt soll rechtlich nicht bindend und damit kein völkerrechtlicher Vertrag im Sinne von Artikel 59 Absatz 2 Satz 1 Grundgesetz sein. Nationale Hoheitsrechte werden durch den globalen Migrationspakt weder eingeschränkt noch übertragen. ... Deutschland leistet im Rahmen der Verhandlungen über den globalen Migrationspakt keine Zahlungen an die „Internationale Organisation für Migration" (IOM). ... Der globale Migrationspakt zielt gerade auf eine Stärkung sicherer, geordneter und regulärer Migration unter Betrachtung aller relevanten Faktoren. Die Bundesregierung unterstützt diese Zielsetzung und setzt sich in den Verhandlungen zum globalen Migrationspakt auch dafür ein, irreguläre Migration zu reduzieren."[205]

Vermischung von legaler und illegaler Migration

Der „Globale Paket für eine sichere, geordnete und reguläre Migration" ließ eine „Vermischung von legaler und illegaler Migration" vermuten, weil die UNO diese Unterscheidung mit dem verbrämenden Begriff der „irregulären Migration" zu verwischen suchte.[206]

Es war zudem zu befürchten, dass durch den Pakt ein „Völkergewohnheitsrecht", ein „soft law" begründet werde, dass die Souveränität der unterzeichnenden Staaten sozusagen durch die Hintertür einschränkt.

Österreich, USA, Ungarn, Australien, Dänemark, Tschechien, Japan, Italien, Polen, die Schweiz und weitere Länder – die Kritik entzündete sich an den immer gleichen Punkten: Der Pakt schränke die Souveränität der Staaten ein, er verherrliche die Migration und ermuntere zu weiterer illegaler Migration.

Tatsächlich war die Tonalität des Pakts eindeutig: Migration wird in erster Linie als „Quelle für Wohlstand, Innovation und nachhaltige Entwicklung“ bezeichnet, weniger als schwer zu bewältigende Herausforderung für die Länder, die die Migranten aufnehmen sollen. Die Einschätzung, dass der Pakt ein „Menschenrecht auf Migration“ schaffe, gab der UNO-Text selbst mit viel Interpretationsspielraum nicht her. Aber die Frage, ob der im Grunde unverbindliche Pakt zum Gewohnheitsrecht werden könnte, wenn sich etwa Gerichte darauf berufen, bleibt strittig.

Der wissenschaftliche Dienst des Bundestages schrieb über die Ziele der Bundesregierung wörtlich: „Die Bundesregierung strebt ein politisches, nicht jedoch rechtlich verbindliches Abkommen an“. Das war in doppelter Hinsicht bemerkenswert. Erstens bestätigt die Regierung, dass sie sich politisch an den UNO-Pakt gebunden fühlt. Zweitens warf es die Frage auf, warum sie etwas unterzeichnet, an das sie sich gar nicht halten will?[207]

Rechtlich nicht bindend, aber faktisch wirksam

Was „rechtlich nicht bindend“ aber sehr wohl heißen kann, zeigt exemplarisch eine Forderung der SPD-Fraktion in Schleswig-Holstein im Jahr 2021. Um den Anteil der Migranten in der Landesverwaltung zu erhöhen, sei bei gleicher Eignung deren „vorrangige Auswahl“ bei der Besetzung von Stellen in der öffentlichen Verwaltung notwendig, forderte die Fraktion. Die SPD verwies dabei auf eine ähnliche Handhabung in Hamburg; dort gab es für Menschen mit Migrationshintergrund einen „Zielwert von 20 Prozent“ aller Beschäftigten in der öffentlichen Verwaltung. Streit gab es im Wesentlichen nur noch um die Frage, ob es den Migranten zugemutet werden kann, ein Bekenntnis zur freiheitlich-demokratischen Grundordnung der Bundesrepublik Deutschland abzulegen.[208] Das Beispiel verdeutlichte, dass die UNO-Pakte über die Symbolik weit hinausgehend durchaus konkrete Wirkung entfalten. Zurück ins Jahr 2018.

Am 13. Juli 2018 einigten sich ungeachtet des Boykotts durch die USA die übrigen mehr als 190 UNO-Mitgliedsstaaten auf den weltweiten Migrationsvertrag. Sie folgten der Argumentation von UNO-Generalsekretär António Guterres und stimmten dem „Global Compact for safe, orderly and regular Migration“ zu. Er sollte die sichere und geordnete Migration fördern sowie dem Menschenhandel entgegenwirken. In dem Papier hieß es: „Kein Land kann die Herausforderungen und Chancen dieses weltweiten Phänomens allein angehen.“ Guterres erklärte: „Länder haben das Recht und sogar die Verantwortung für ihre eigene Einwanderungspolitik und den Schutz der Grenzen. Aber sie müssen dabei die Menschenrechte respektieren.“ 60.000 Migranten seien seit dem Jahr 2000 auf ihrer Reise oder Flucht ums Leben gekommen, trug er die Zahlen in New York vor, die die Welt zur mehr Menschlichkeit aufrufen sollten. Der UNO-Generalsekretär sprach von einem globalen Missverständnis beim Thema Migration: sie sei Chance, nicht Risiko. Er verwies auf 250 Millionen Migranten weltweit, drei Prozent der Weltbevölkerung, die zehn Prozent des Bruttosozialprodukts der Welt erwirtschafteten. Dann wurde er sehr persönlich und erzählte von seiner Mama. Mutter Guterres war zu dieser Zeit 95 Jahre alt, lebte in Portugal und musste rund um die Uhr gepflegt werden – natürlich von Einwanderern. „Ich habe nie einen Portugiesen gesehen, der sich um meine Mama kümmerte", sagte der UNO-Generalsekretär in New York.[209]

Wir brauchen Migranten, aber die richtigen

Damit sprach er eine Diskrepanz an, die wir nicht nur in Portugal, sondern auch in Deutschland erleben: Sicherlich würden die westlichen Industrienationen zusammenbrechen, wenn es keine Migration gäbe. Salopp formuliert: Deutschland wird zu einem Großteil von Migranten am Laufen gehalten. Das gilt keineswegs nur für Pflegeberufe, auf die der UNO-Generalsekretär anspielt. Ärzte, Apotheker, Unternehmer, Verkäufer, Bereiche der Ver- und Entsorgung… es gibt eine Vielzahl von Schlüsselsektoren, in denen Migranten oder ihre Nachkommen ihre Arbeit verrichten. Doch man muss differenzieren, was der Generalsekretär an dieser Stelle versäumt hatte: Migranten mit gutem Willen, einer fachlichen Ausbildung oder zumindest der Bereitschaft dafür und – vor allem – dem Willen, sich in die Gesellschaft, in die sie hineinkommen, zu integrieren und diese zu respektieren, sind in der Regel herzlich willkommen. Davon gibt es viele, sehr viele, und das ist gut so. Es ändert aber nichts daran, dass es auch die anderen gibt, die zwar in Deutschland leben und vom deutschen Staat profitieren wollen, aber sich eben nicht integrieren, die nicht unser Grundgesetz anerkennen, sondern die ihre „Gesetze" nach Deutschland zu exportieren suchen, die keine Beiträge zum deutschen Sozialstaat leisten wollen, sondern nur „abkassieren". Es war die undifferenzierte Betrachtungsweise der UNO, in der praktisch alle Migrationsströme als positiv gewertet werden, die eine massive Gegenbewegung ausgelöst hat, die bis heute anhält.

Nichtsdestotrotz wurde im September 2018 das internationale Vertragswerk der UNO-Generalversammlung in New York vorgelegt und am 10. Dezember 2018 von 164 Staaten auf einer Konferenz in Marokko angenommen. Die auflagenstärkste Tageszeitung Deutschlands gab den Ton für Deutschland an: „*Bild* beim Absurd-Gipfel in Marrakesch. UNO peitscht umstrittenen Migrationspakt durch. Niemand dagegen. Alle dafür. Fertig.“ Das war insofern nicht richtig, als 28 Länder – darunter die USA, Österreich, Italien, Ungarn, Polen und Tschechien, Australien, Israel, Chile, Lettland und die Slowakei – den Pakt formal ablehnten. Kritiker sagen, dadurch seien diese Staaten möglicherweise am ehrlichsten von allen Ländern, weil sie dem UNO-Werk gar nicht erst formal zustimmten.[210]

So stand die damalige deutsche Bundeskanzlerin, die als beinahe einziger Regierungschef überhaupt nach Marrakesch gereist war, zumindest in der hiesigen Berichterstattung weitgehend auf verlorenem Posten, als Angela Merkel in Marokko trotzig verkündete: „Globalisierung, wenn sie menschlich gestaltet werden soll, kann nur gelingen, wenn alle Länder Chancen haben, sich zu entwickeln. Deshalb geht es bei der Auseinandersetzung über diesen Pakt um nicht mehr und nicht weniger als um ein klares Bekenntnis zum Multilateralismus. Nur so werden wir diesen Planeten besser machen können.“[211]

Migration ist nicht genug, Flüchtlinge kommen hinzu

Zusätzlich zum Migrationspakt beschlossen die Vereinten Nationen kurz vor Weihnachten 2018 noch den UNO-Flüchtlingspakt. Dieser sollte vor allem ärmeren Ländern helfen, die besonders viele Flüchtlinge aufnehmen.[212] Am 17. Dezember 2018 stimmten 181 von 193 Mitgliedstaaten in der UNO-Vollversammlung in New York dem zweiten Pakt zu. Nur die USA und Ungarn lehnten den erneuten Pakt ab. Drei Staaten enthielten sich, die weiteren Länder blieben der Sitzung fern – auch eine

Möglichkeit, sich der Abstimmung zu enthalten. Wie schon beim UNO-Migrationspakt war es in der Sache ohnehin egal: Der Flüchtlingspakt war ebenso unverbindlich. Eilanträge an das Bundesverfassungsgericht in Karlsruhe, um die deutsche Annahme beider Pakte zu verhindern, scheiterten. Deutschland zählt nach Angaben der UNO zu den zehn Ländern, die weltweit am meisten Flüchtlinge aufnehmen.[213]

Nach Angaben der UNO ist die Welt mit über 84 Millionen auf der Flucht ins Jahr 2022 gegangen. Unter ihnen waren 26,6 Millionen Flüchtlinge, 4,4 Millionen Asylsuchende und schätzungsweise fast 51 Millionen Binnenvertriebene.[214] Mehr als 60.000 sogenannte irreguläre Einwanderer sind seit 2000 auf dem Weg in eine vermeintlich bessere Zukunft gestorben.[215] Die beiden Pakte der Vereinten Nationen waren also ehrenhaft, aber ebenso ehrenhaft wie etwas zu lang geratene Sonntagsreden, die sich in eine positive Betrachtung der Welt verstiegen – weit von der Realität entfernt.

Realitätsferne der UNO

Die Realitätsferne der UNO zeigte sich an einem Beispiel aus Frankreich. In einer Art Kampf der Kulturen verbot Frankreich 2010 unter dem damaligen Präsidenten Nicolas Sarkozy als erstes europäisches Land Burkas zur Vollverschleierung von Frauen. Sie widersprächen der weltlichen Ordnung Frankreichs, erniedrigten die Frauen und stellten zudem ein Sicherheitsrisiko dar, begründete Sarkozy die Maßnahme. Später folgten Österreich und Dänemark dem Schritt Frankreichs.

Fünf Jahre später warfen die Vereinten Nationen Frankreich wegen des Burka-Verbots die Verletzung der Menschenrechte vor. Der UNO-Menschenrechtsausschuss in Genf fühlte sich nicht überzeugt, dass das Verbot wirklich notwendig sei. Frankreich widersprach der UNO-Bewertung, die ohnehin rechtlich nicht bindend war. Der Vorfall stellte ein gutes Beispiel dar, wie sich die UNO nicht nur einmal mehr als Papiertiger erwies, sondern mit ihrer für die heimische Bevölkerung weitgehend unverständlichen Kritik der Abwehr ungezügelter Migration geradezu Auftrieb verschafft.

Die Glaubwürdigkeit der UNO beim Thema Asyl litt allerdings nicht nur unter Einzelaspekten wie etwa ihrer Haltung zur Verschleierung, sondern vor allem auch bei ihrem Versagen, den Krieg in Syrien zu beenden. Wenn es eine „Mutter der Migration" gibt, dann ist es dieser „kleine Weltkrieg", der 2011 im Rahmen des Arabischen Frühlings als Bürgerkrieg begann und danach angetrieben durch den Einfluss ausländischer Staaten geradezu explodierte. Aufgrund der Beteiligung Russlands und der USA entstand ein überregionaler Konflikt mit geostrategischen Implikationen, der durch die Luftangriffe der Türkei und den Einmarsch türkischer Truppen 2018 verschärft wurde. Schon 2015 waren beinahe 12 Millionen Syrer auf der Flucht, rund die Hälfte davon innerhalb Syriens. Mindestens fünf Millionen Kriegsflüchtlinge schafften es, aus Syrien herauszukommen, viele davon gelangten nach Europa. In Deutschland lebten 2023 mehr als 900.000 dem Krieg entkommene Syrer.[216] Die Syrien-Krise entwickelte sich zur größten humanitären Katastrophe seit dem Zweiten Weltkrieg. Die Europäische Union war seit Beginn der Konflikte im Land engagiert und versucht, das Leben der Betroffenen durch humanitäre Hilfe zu erleichtern. Jedweder Versuch, auf diplomatischen Wegen Frieden herbeizuführen, scheiterte allerdings.[217] Mehr als vier Jahre lang bemühte sich der italienisch-schwedische Syrien-Vermittler Staffan de Mistura als Sondergesandter der Vereinten Nationen, das seit sieben Jahren andauernde Blutvergießen zu beenden – vergeblich. Ganz im

Gegenteil eskalierte die Gewalt immer weiter während der bislang neun diplomatischen Gesprächsrunden.[218] Russland und die USA missbrauchten den Sicherheitsrat der Vereinten Nationen immer und immer wieder, um den Frieden in Syrien zu verhindern. Rund eine halbe Million Menschen verloren in diesem Krieg ihr Leben. Der UNO blieb lediglich die flehentliche Bitte, die Kriegsparteien mögen zumindest den Helfern Zugang zu Hungernden und Verletzten gewähren.[219] Die Ohnmacht der Vereinten Nationen blieb nicht auf Syrien beschränkt. Der Krieg in Afghanistan und die Folgen des Rückzugs der westlichen Truppen, der Einmarsch Russlands in der Ukraine 2022, die Explosion des Nahost-Konflikts 2023, die prekären Verhältnisse in Afrika – in allen großen Konflikten beschränkte sich die Rolle der UNO auf Appelle humanitärer Hilfe vor Ort, ohne die Konflikte lösen zu können. Gleichzeitig forderte sie, die daraus resultierenden immer neuen Migrationsströme aufzunehmen. Das löste heftige Abwehrreaktionen auf, weil es die Kultur der Aufnahmestaaten in Frage stellte.

Deutsche Leitkultur und Moralapostel

Die auf den vorherigen Seiten aufgezeigte Migrationskrise ist real. Doch schon das Wort „Migrationskrise" ist umstritten. Wer die Krise beim Namen nennt, sieht sich beinahe sofort heftigen Anschuldigungen ausgesetzt: Diskriminierung, Rassismus und mehr. Über Jahre hinweg wurde mehr oder minder jede Kritik an der Asylpolitik Deutschlands und der EU mit öffentlicher Ächtung abgestraft – jedenfalls auf der politischen und medialen Bühne. Es ist, als ob man die Vereinten Nationen missachtet, die Menschlichkeit mit Füßen tritt, die Demokratie abschaffen will oder schlichtweg so „alt und dumm" ist, dass man nicht mehr in die heutige Zeit passt.

Wie eine Parallelgesellschaft haben sich jedoch weite Teil der Bevölkerung von dieser „offiziellen Linie" abgesetzt und eine eigene Meinung zumindest innerlich formuliert. Das erklärt die Abkehr von den Parteien der demokratischen Mitte und den Aufstieg der AfD. Denn man mag die Menschen noch sehr in der medialen Meinungsbildung auf „Regierungslinie" zu bringen versuchen – in der Wahlkabine darf jeder das Kreuzchen an *der* Stelle machen, die der *eigenen* Überzeugung entspricht. Der vor allem durch die Migrationspolitik ausgelöste Rechtsruck ist seit Jahren keineswegs auf Deutschland beschränkt; andere europäische Länder sind mit entsprechenden Regierungen schon längst zu einer deutlich abweisenderen Migrationspolitik umgeschwenkt.[220]

Auch in der politischen Mitte Deutschlands gab es immer wieder Warnungen vor den Folgen einer ungehemmten Einwanderung. Den Worten Willy Brandts („*Es ist … notwendig geworden, dass wir sehr sorgsam überlegen, wo die Aufnahmefähigkeit unserer Gesellschaft erschöpft ist und wo soziale Vernunft und Verantwortung Halt gebieten“*) aus dem Jahr 1973 sind viele weitere Versuche gefolgt, Rationalität in die Diskussion zu bringen. Dazu gehört auch die Beantwortung der Frage nach der Identität einer Gesellschaft, in diesem Fall also der deutschen Gesellschaft.

Im April 2017 – mitten in der damaligen Migrationsdebatte – führte der damalige Bundesinnenminister Thomas de Maizière zur Frage der deutschen Leitkultur aus: „Einige Dinge sind klar. Sie sind auch unstreitig: Wir achten die Grundrechte und das Grundgesetz. Über allem steht die Wahrung der Menschenwürde. Wir sind ein demokratischer Rechtsstaat. Wir sprechen dieselbe Sprache, unsere Amtssprache ist Deutsch.“

Dieser Auffassung dürften die meisten Deutschen auch im Jahr 2023 als selbstverständlich zustimmen. Wie an anderer Stelle in diesem Buch dargelegt, ist dabei die Toleranz gegenüber Menschen, die erst in späteren Jahren Deutsch lernen und daher Aussprache und Grammatik nicht fehlerfrei beherrschen, groß.

Vom Flug nach „Bordo“: Bordeaux oder Porto?

Hand aufs Herz: Welcher Deutsche spricht seine Muttersprache schon perfekt. Es sei an dem kuriosen Fall einer Frau aus Sachsen erinnert, die 2016 im Reisebüro einen Flug nach „Bordo“ buchen wollte, dabei missverstanden wurde und schließlich im französischen Bordeaux landete statt im portugiesischen Porto, wo sie eigentlich hin wollte. Der Fall ging vor Gericht und das Reisebüro gewann den Prozess: Die Frau hätte sich hochdeutscher mit hartem „P“ statt weichem „B“ bei der Buchung ausdrücken müssen, befanden die Richter: Wenn ein Kunde im Reisebüro undeutlich spricht, ist er selbst schuld.[221]

Das Beispiel zeigt: Sprachliche Verwechslungen kann es immer geben, selbst dann, wenn es wie in diesem Fall eine sozusagen urdeutsche Sächsin in die Welt hinauszieht. Das ändert nichts daran, dass die deutsche Sprache zweifelsohne eine funktionierende Grundlage für die Verständigung in Deutschland darstellt. Das schließt sich übrigens keinesfalls mit Anglizismen aus: Begriffe wie etwa das Smartphone werden einfach eingedeutscht, also wie ein deutsches Wort verwendet.

Zurück zur deutschen Leitkultur. Die Demokratie, die Achtung der Verfassung und die Menschenwürde gelten nicht nur in Deutschland, sondern in allen westlichen Gesellschaften. Es stellt sich die Frage: Gibt es darüber hinaus so etwas wie eine „Leitkultur für Deutschland"? Lassen wir nochmals Thomas de Maizière antworten:

Manche stoßen sich schon an dem Begriff der „Leitkultur". Das hat zu tun mit einer Debatte vor vielen Jahren. Man kann das auch anders formulieren. Zum Beispiel so: Über Sprache, Verfassung und Achtung der Grundrechte hinaus gibt es etwas, was uns im Innersten zusammenhält, was uns ausmacht und was uns von anderen unterscheidet.

Ich finde den Begriff „Leitkultur" gut und möchte an ihm festhalten. Denn er hat zwei Wortbestandteile. Zunächst das Wort Kultur. Das zeigt, worum es geht, nämlich nicht um Rechtsregeln, sondern ungeschriebene Regeln unseres Zusammenlebens. Und das Wort „leiten" ist etwas anderes als vorschreiben oder verpflichten. Vielmehr geht es um das, was uns leitet, was uns wichtig ist, was Richtschnur ist. Eine solche Richtschnur des Zusammenlebens in Deutschland, das ist das, was ich unter Leitkultur fasse."[69]

Zehn Thesen für die deutsche Leitkultur

Ganz konkret nannte der damalige Innenminister Thomas de Maizière zehn Thesen zur deutschen Leitkultur, die wohlüberlegt erscheinen:

1. Soziale Gewohnheiten: „Wir legen Wert auf einige soziale Gewohnheiten, nicht weil sie Inhalt, sondern weil sie Ausdruck einer bestimmten Haltung sind: Wir sagen unseren Namen. Wir geben uns zur Begrüßung die Hand. Bei Demonstrationen haben wir ein Vermummungsverbot. ... Wir zeigen unser Gesicht. Wir sind nicht Burka."

2. Allgemeinbildung: „Allgemeinbildung hat einen Wert für sich und dient nicht nur der Berufsvorbereitung."

3. Leistungsgedanke: „Wir sehen Leistung als etwas an, auf das jeder Einzelne stolz sein kann. ... Leistung und Qualität bringen Wohlstand. ... Der Leistungsgedanke hat unser Land stark gemacht. Durch soziale Sicherungssysteme gibt es auch Unterstützung für Hilfsbedürftige – eine Leistung, auf die Deutschland ebenfalls stolz sein kann."

4. Geschichte: „Wir sind Erben unserer Geschichte mit all ihren Höhen und Tiefen. Wir sind Erben unserer deutschen Geschichte." Diese sei ein Ringen um die Deutsche Einheit in Freiheit und Frieden mit den Nachbarn, aber auch das Bekenntnis zu den tiefsten Tiefen der deutschen Geschichte. „Dazu gehört auch ein besonderes Verhältnis zum Existenzrecht Israels."

5. Kulturnation Deutschland: „Wir sind Kulturnation. Kaum ein Land ist so geprägt von Kultur und Philosophie wie Deutschland. Wir haben unser eigenes Verständnis vom Stellenwert der Kultur in unserer Gesellschaft." So seien Musikeinlagen bei

politischen Festakten selbstverständlich, ebenso wie das Erscheinen wichtiger Politiker bei der Eröffnung eines großen Konzerthauses. „Kultur in einem weiten Sinne, unser Blick darauf und das, was wir dafür tun, auch das gehört zu uns."

6. Religion und christliche Prägung: „In unserem Land ist Religion Kitt und nicht Keil der Gesellschaft." Dafür stünden in Deutschland die Kirchen mit ihrem unermüdlichen Einsatz für die Gesellschaft: „Sie stehen für diesen Kitt. ... Kirchliche Feiertage prägen den Rhythmus unserer Jahre. Kirchtürme prägen unsere Landschaft. Unser Land ist christlich geprägt. Wir leben im religiösen Frieden. Und die Grundlage dafür ist der unbedingte Vorrang des Rechts über alle religiösen Regeln im staatlichen und gesellschaftlichen Zusammenleben."

7. Zivilkultur: „Der Kompromiss ist konstitutiv für die Demokratie und unser Land." Zum Mehrheitsprinzip gehöre der Minderheitenschutz. „Wir stören uns daran, dass da einiges ins Rutschen geraten ist. Für uns sind Respekt und Toleranz wichtig." Gewalt sei weder bei Demonstrationen noch an anderer Stelle gesellschaftlich akzeptiert. „Wir verknüpfen Vorstellungen von Ehre nicht mit Gewalt."

8. Patriotismus: „Wir sind aufgeklärte Patrioten. Ja, wir hatten Probleme mit unserem Patriotismus." Doch die seien vorbei: „Unsere Nationalfahne und unsere Nationalhymne sind selbstverständlicher Teil unseres Patriotismus: Einigkeit und Recht und Freiheit."

9. Europa: „Wir sind Teil des Westens. Die NATO schützt unsere Freiheit. Als Deutsche sind wir immer auch Europäer. Wir sind vielleicht das europäischste Land in Europa – kein Land hat mehr Nachbarn als Deutschland."

10. Kollektives Gedächtnis: „Wir haben ein gemeinsames kollektives Gedächtnis für Orte und Erinnerungen." Das Brandenburger Tor und der 9. November seien Teil solcher kollektiven Erinnerungen, aber auch der Gewinn der Fußballweltmeisterschaften. „Regionale Volksfeste wie Karneval, Marktplätze und heimatliche Verwurzelung kommen hinzu. Landsmannschaftliche Mentalitäten, die am Klang der Sprache jeder erkennt, gehören zu uns und prägen unser Land."

Menschen, die nach Deutschland kommen und diese Leitkultur ablehnen, „bei denen wird die Integration wohl kaum gelingen", meinte der damalige Bundesinnenminister.

Nun muss man dieser Aufzählung aus dem Jahre 2017 nicht in allen Punkten zustimmen. Die Rolle der Kirche hat seitdem stark gelitten, die Bedeutung der Religion beschränkt sich für viele Deutsche auf Traditionen wie das Weihnachtsfest, ohne im ursprünglichen Sinne des Wortes gläubig zu sein. Doch die Toleranz für die Feste anderer Religionen geht nicht soweit, muslimische oder jüdische Festtage als gesetzliche Feiertage festzuschreiben. Wir mögen das muslimische Fastenbrechen und das Opferfest oder die jüdischen Chanukka, Jom Kippur und Pessach bis hin zum asiatischen Neujahr tolerieren, aber der deutsche Staat macht sie sich nicht zu eigen.

Angesichts des im Herbst 2023 geradezu explodierenden Nahost-Konflikts kommt diesen religiösen Festen von Juden und Moslems indes eine besondere Bedeutung für den Frieden in Deutschland zu. Es geht nicht mehr darum, diese Feste mit angemessener Toleranz zu akzeptieren, sondern viel dringlicher um die Sorge, dass sich diese beiden Religionen nicht mitten in Deutschland sozusagen untereinander „an die Gurgel" gehen.

Demokratischer Patriotismus

Damit verbunden stellen sich Fragen nach Nationalstolz und Patriotismus, die in den verschiedenen europäischen Ländern sehr unterschiedlich beantwortet werden. So ist der Stolz auf das eigene Land in Frankreich geradezu eine „Bürgerpflicht“, im politisch korrekten Deutschland gilt er schon lange als verpönt. Wer 2023 die Worte „Nationalstolz“ oder „Patriotismus“ auch nur in den Mund nahm, musste sich die öffentliche Einordnung in der politischen Bäh-Ecke gefallen lassen. Das war fünf Jahre zuvor noch anders.

Am 9. November 2018 sprach Bundespräsident Frank-Walter Steinmeier zum Gedenken an die Ausrufung der Republik von „demokratischem Patriotismus“.[222] 100 Jahre zuvor hatte der Sozialdemokrat Philipp Scheidemann vom Berliner Reichstagsgebäude aus die erste Deutsche Republik ausgerufen. Zugleich steht der 9. November auch für eines der dunkelsten Kapitel in der deutschen Geschichte: Am 9. November 1938 inszenierten die Nationalsozialisten die reichsweiten Pogrome gegen die Juden. Mit der DDR-Grenzöffnung am 9. November 1989 wiederum wurde der friedlichen Vereinigung der beiden deutschen Staaten der Weg geebnet.

Es war also äußerst geschichtsträchtig, als der Bundespräsident mit dem Begriff „demokratischer Patriotismus“ eine Gratwanderung vollführte. Das Wort Patriotismus drückt eine emotionale Verbundenheit mit der eigenen Nation aus, stützt also den nationalen Gedanken, während „demokratisch“ die Trennlinie zu rechten Kräften ziehen soll, die vermeintlich die Demokratie abschaffen oder jedenfalls einschränken wollen. Patriotismus ist ein in der deutschen Politik selten verwendeter Begriff, weil er leicht mit Nationalismus zu verwechseln ist. Eine interessante

Differenzierung macht die Bundeszentrale für politische Bildung, bei der es wörtlich heißt:

Aus dem Französischen übersetzt bedeutet Patriotismus „Vaterlandsliebe". Ursprünglich ist es abgeleitet vom griechischen Wort „patriótes" und das bedeutet „jemand, der aus demselben Geschlecht stammt". Statt Vaterlandsliebe könnte man auch sagen „gefühlsmäßige Bindung an die kulturellen und geschichtlichen Werte und Leistungen des Volkes, in dem man lebt". Ein Patriot hat oft eine besonders enge Beziehung zu den Symbolen seines Landes wie Hymne, Fahnen, Orden, bestimmte Feste, die an geschichtliche Ereignisse erinnern.

Patrioten gibt es in allen Ländern der Erde. Oft wird ein Satz des früheren amerikanischen Präsidenten John F. Kennedy zitiert, der an den Patriotismus seiner Landsleute mit dem Satz appellierte: „Frage nicht, was dein Land für dich tun kann, sondern was du für dein Land tun kannst." Damit sollten die Leistungsbereitschaft und die Opferbereitschaft der Bürger gestärkt werden.

Falsch verstandener Patriotismus, der nur die eigene Nation gelten lässt und andere Nationen abwertet, nennt man Nationalismus. Er ist oft verbunden mit Überheblichkeit und Arroganz gegenüber Menschen anderer Nationalität. Eine solche Haltung kann zu schweren Störungen des Zusammenlebens in einem Staat, aber auch innerhalb der Staatengemeinschaft führen.[192]

Will heißen: Es gibt richtigen und falschen Patriotismus. Versteht sich, dass der Bundespräsident in seiner Rede am 9. November 2018 den richtigen meinte, aber das in seiner Bedeutung eher schwammige Wort bedient möglicherweise auch diejenigen, die nach übersteigertem Patriotismus verlangten.

Der französische Regierungschef Emmanuel Macron präsentierte am 11. November 2018 anlässlich der Gedenkfeierlichkeiten in Paris zum Ende des Ersten Weltkriegs 100 Jahre zuvor einen etwas anderen Zusammenhang der Begrifflichkeiten: „Patriotismus ist das exakte Gegenteil von Nationalismus. Nationalismus ist ein Verrat am Patriotismus. Wer sagt „Unsere Interessen zuerst, ganz egal, was mit den anderen passiert", der löscht das Wertvollste aus, das eine Nation haben kann, das eine Nation groß macht und das Wichtigste ist: seine moralischen Werte."[223]

Die Differenzierung zwischen Patriotismus, Populismus und Nationalismus ist sicherlich wichtig und richtig, verwischt sich aber möglicherweise in der breiten Öffentlichkeit: Diese feinsinnigen Begriffsunterscheidungen eignen sich hervorragend für die hohe Politik, man könnte auch sagen für die Sonntagsreden, kommen aber mutmaßlich beim Wahlvolk überhaupt nicht an. In Volkes Worten drückte es wohl eher der CDU-Politiker Wolfgang Bosbach aus, als er 2019 sagte: „Niemand muss sagen: Ich bin stolz, ein Deutscher zu sein. Aber es wäre schön, wenn man es sagen dürfte, ohne in die rechtsradikale Ecke gestellt zu werden."[224] Fünf Jahre später ist die Erfüllung dieses Wunsches weiter als je zuvor von der mit *Political Correctness* durchwobenen Realität in Deutschland entfernt.

Hauptsache, politisch korrekt

Unsere reale Welt ist von Ungerechtigkeiten durchtränkt. Das beginnt schon bei der Geburt: Wer in einer westlichen Industrienation zur Welt kommt, hat mehr Glück als ein, sagen wir, in Bangladesch geborenes Baby. Wer in einer ärmeren und/oder bildungsferneren Familie aufwächst, hat es schwerer im Leben als jemand, der in einer gebildeten Wohlstandsfamilie heranreift. Man mag diese Unterschiede hassen, aber das stellt sie nicht ab.

An der Beseitigung dieser Missstände mitzuwirken, ist ehrenhaft. Dafür gibt es viele Möglichkeiten in unserer Gesellschaft. Aber von den Ungerechtigkeiten zu eine übertriebene politische Korrektheit abzulenken, bringt niemanden voran und ist eher kontraproduktiv. Doch genau das passiert seit Jahren: Uns wird eine vermeintlich korrekte Sprache vorgegeben, die mehr Gerechtigkeit in die Welt oder jedenfalls in unsere deutsche Welt bringen soll. Doch in Wahrheit wird dadurch das Gegenteil erreicht. Platon wird das Zitat zugeschrieben: „Die schlimmste Art der Ungerechtigkeit ist die vorgespielte Gerechtigkeit“.[225]

Neusprech: Denken manipulieren

Neusprech wird als Bezeichnung für Sprachformen oder sprachliche Mittel gebraucht, die durch Sprachmanipulation bewusst verändert werden, um Tatsachen zu verbergen und Ziele oder Ideologien zu verschleiern.[226]

„Die Sprache ist das bildende Organ des Gedankens“, formulierte Wilhelm von Humboldt, der als einer der gelehrtesten Menschen seiner Zeit gilt. Er war fest davon überzeugt, dass die Sprache die Grundlage aller Gedanken ist.[227] Anders ausgedrückt: Wir können nur denken, wofür wir auch Worte haben. Und weil unsere Worte die Basis unseres Handelns und Denken darstellen, üben sie einen kaum zu überschätzenden Einfluss auf unser Leben aus. Deshalb ist äußerste Vorsicht angesagt, wenn versucht wird, unsere Sprache zu manipulieren, indem man uns moralisch motivierte Wort- und Sprechverbote aufoktroyiert.

Sprache entwickelt sich kontinuierlich. Kein Bereich zeigt das deutlicher als die technologische Entwicklung. Wer wollte schon versuchen, für das englische *Smartphone* ein deutsches Wort zu suchen, um nur ein Beispiel zu nennen. Doch gefährlich wird es dann, wenn durch eine politisch motivierte Macht versucht wird, die Sprache der „Menschen auf der Straße" zu manipulieren. Man kennt das aus Staaten mit autoritären Regimen wie China, Russland oder der ehemaligen Deutschen Demokratischen Republik – der Name, den sich der letztgenannte Staat gegeben hat, stellt im Kontrast mit der damals real existierenden DDR ein beredtes Beispiel dar.

George Orwell: Sprachplanung wie in *1984*

Doch keiner hat die Sprachgefährdung so gut auf den Punkt gebracht wie der englische Schriftsteller und Journalist George Orwell in seinem dystopischem Roman *1984*. In dem Werk wird die sprachpolitisch umgestaltete Sprache „Neusprech" („New Speak") genannt; durch Sprachplanung sollen sprachliche Ausdrucksmöglichkeiten beschränkt und damit die Freiheit des Denkens aufgehoben werden. Wer sich die Sprachdiktionen der Woke-Bewegung anschaut, kann sich des Eindrucks nicht erwehren, dass die Political Correctness der Orwell'sche Horrorvision zur Realität verhelfen wollen.

Menschen, die eine schwarze Hautfarbe aufweisen, sollen demnach nicht mehr „Schwarze" genannt werden, weil das rassistisch sei. Doch wer auf „Farbige" auszuweichen versucht, wird ebenfalls eines Besseren belehrt: das sei ebenfalls diskriminierend. Besser ist es, von „People of Color" (POC) „Black and People of Colour" (BPoC) oder „Black, Indigenous and People of Colour" (BIPoC) zu sprechen.[228] Wie bitte? Wir sollen gar keinen deutschen Ausdruck mehr haben für Menschen, die keine weiße

Hautfarbe aufweisen. Schwarze, Asiaten, arabisches Aussehen – alles verboten? In der englischen Sprache gibt es mittlerweile tatsächlich den Ausdruck „non-white" (nicht-weiß) als Synonym für alle Menschen mit einer Herkunft außerhalb Europas. Doch was ist mit den Weißen, die in Amerika leben? Die politisch korrekte Sprachakrobatik scheint zu versuchen, mit Orwells Sprachpolizei mitzuhalten.

Orwells Neusprech war nicht aus der Luft gegriffen. Durch seine Arbeit in der Propagandaabteilung des englischen Nachrichtensenders BBC war er mit den Begrifflichkeiten der sowjetischen sowie und der damaligen deutschen und japanischen politischen Propaganda vertraut. Viele seiner Beobachtungen der Funktionsweise totalitärer Systeme gingen in seine Konzeption von Neusprech ein, besonders die Funktion der Begriffe, das Denken auszuschalten oder in eine bestimmte Richtung zu lenken. Orwells Entwurf einer entmenschlichten Sprache ist nicht nur auf seine kritische Haltung gegenüber totalitären Regimen seiner Zeit einzuschränken. Wir erleben heutzutage eine vergleichbare Tendenz in den Sprachvorschriften der politischen Korrektheit..

Neue Begriffe für alte Traditionen und die Leitkultur

Beim modernen Neusprech geht es in vielen Fällen darum, traditionelle Begriffe zu ersetzen, wenn diese vermeintlich zur Ausgrenzung von Menschen führen oder an religiöse – in der Regel christliche – Gepflogenheiten anknüpfen.

In diesem Zuge wird der St.-Martins-Umzug durch das Sonne-Mond-und-Sterne-Fest, der Weihnachtsmarkt durch den Wintermarkt, die Adventsbeleuchtung durch die Winterbeleuchtung und Weihnachten durch die Jahresendfeier ersetzt. Die Aufzählung verdeutlicht: Hierbei geht es erneut um die Frage nach einer deutschen Leitkultur – und nach einer europäischen.

So brachte die EU 2021 im Streben nach Political Correctness unter dem Titel #UnionofEquality einen 32-seitigen Leitfaden für inklusive Kommunikation heraus. Darin wurden die Mitglieder der Europäischen Kommission aufgefordert, die Begriffe „Weihnachten“, und „Maria und Josef“ nicht mehr in den Mund zu nehmen. Dies könnte andere Kulturen diskriminieren. Statt „Maria und Josef“ sollte besser von „Malika und Julio“ geredet werden.[229]

Polizei: Umschulung auf politisch korrekte Sprache

„Berliner Polizei schafft Klartext ab“ titelte die *Bild* am letzten Tage des Jahres 2022. Wer davon ausgeht, dass das Boulevardblatt wie so häufig übertreibt, sollte die Empfehlungen für „diskriminierungssensiblen Sprachgebrauch“ des Landeskriminalamts Berlin lesen, die seit Anfang 2023 Geltung haben.

So sollen die Polizisten in der Bundeshauptstadt „westasiatisch“ statt „südländisch“ sagen. Die Begründung: Der Begriff „südländisch“ sei geografisch ungenau und durch „verfassungsfeindliche Medien negativ belegt“. Der Chef der Deutschen Polizeigewerkschaft, Rainer Wendt, befürchtet eine „Verschleierung der Realität“: „In Berlin sind junge Männer aus der Türkei, dem Irak oder dem Libanon nicht selten in Straftaten verwickelt.“ Wenn diese Personen als „Westasiaten“ bezeichnet werden, verwische dies die Lebenswirklichkeit.[230] Doch das ist nur ein Beispiel unter vielen.

So sollen die Polizisten das Wort Flüchtling vermeiden, weil es als „umstritten“ gilt; besser sei „schutzsuchende Menschen“. Seit dem Frühjahr 2021 mussten Polizisten bei deutschen Tatverdächtigen unter 21 Jahren im Polizeicomputersystem „Poliks" eingeben, ob diese einen Migrationshintergrund haben. Angesichts einer Zunahme von Mord, Totschlag, Vergewaltigung, sexueller Nötigung und Rohheitsdelikten, sollte die jugendliche Tätergruppe eingekreist werden. Vor allem ging es um die Frage, ob ein Zusammenhang zwischen der Abstammung und der Jugendkriminalität besteht. Das Ziel der Berliner Senatsverwaltung war es, „soziale Fehlentwicklungen wie Armut, ungleiche Bildungschancen oder Diskriminierung zu erkennen und diesen mit präventiven Maßnahmen gegenzusteuern". Doch die Daten wurden für diese organisatorischen Planungen gar nicht genutzt. Und dann kam der Datenschutz ins Spiel: Wer personenbezogene Daten erhebt und speichert, muss eine gesetzliche Aufgabenerfüllung nachweisen. Ansonsten ist es illegal, muss also abgeschaltet werden – so geschehen im Herbst 2022.

Die Gewerkschaft der Polizei (GdP) erklärte dazu: „Eine derart falsch verstandene Toleranz ist Wind auf die Mühlen von Rechtsextremen und Verschwörungstheoretikern." Ein Migrationshintergrund sage nicht generell etwas darüber aus, ob eine Person Straftaten begehe. „Aber wir reden über Menschen, deren Familien mitunter einen Bezug zu Ländern haben, in denen patriarchalische Strukturen herrschen und in denen ein nostalgisches Frauenbild vorliegt, das dem des demokratischen Rechtsstaates widerspricht."[231] Das kommt heraus, wenn sich falsch verstandener Datenschutz und das Bemühen um politisch korrekte Sprache verbünden. Die Leidtragenden sind im Fall der Fälle die Opfer, und zwar nicht diejenigen, die sich durch diese oder jene Bezeichnung diskriminiert fühlen könnten, sondern die Opfer der Gewalt.

Doch die sprachlichen Vorgaben gehen immer wieder – zu Lasten der Sicherheit. So blockierte beispielsweise eine Bezirksstadträtin in Neukölln polizeiliche Razzien von Spätis (Spätverkaufsstellen), Shishabars und ausländischen Restaurants, da diese Kontrolle „stigmatisierend“ seien. Sie warnte gar vor der Gefahr einer strukturellen Diskriminierung bei der Durchführung von Gewerbedurchsuchungen. „Hintergrund ist, dass eine Vermischung der Gewerbeüberwachung mit anderen Zielen wie der polizeilichen Informationsgewinnung nicht ausgeschlossen werden konnte“, hieß es von besagter Stadträtin.[232] Die Gefahren, die sich aus der Behinderung der Polizeiarbeit durch eine Übertonung politischer Korrektheit ergeben, stuft sie augenscheinlich als geringer ein.

In Nordrhein-Westfalen forderte die innenpolitische Sprecherin der Grünen die Abschaffung der „Clan-Kriminalität“ – des Begriffes wohlgemerkt, nicht der damit verbundenen Verbrechen. Auch hier der Vorwurf, der Begriff sei „stigmatisierend“ und daher müsse eine „neue Definition“ her. Die Grüne erklärte 2022: „Ich gehe davon aus, dass sich das Innenministerium und das Justizministerium zeitnah über eine gemeinsame Definition austauschen.“ Die Antwort des Innenministers ließ nicht lange auf sich warten: „Wenn wir ein Problem lösen wollen, müssen wir es benennen und unter anderem jährliche Lagebilder zur Clan-Kriminalität erstellen. ... Erst in der Gesamtschau erkennt man das ganze Ausmaß, die Zusammenhänge und die neuralgischen Punkte. Und nur so lassen sich maßgeschneiderte Konzepte entwickeln, um diese Kriminalität zu bekämpfen.“[233]

Mit dem Begriff Clan-Kriminalität bezeichnet die Polizei eine „sich aus ethnisch abgeschotteten Subkulturen heraus entwickelnde Kriminalität“. Die Polizei in Nordrhein-Westfalen geht seit einigen Jahren gezielt gegen kriminelle türkisch-arabische Familienclans vor. 2021 verübten kriminelle Clanangehörige im größten deutschen Bundesland dem Lagebild zufolge 5.460 Straftaten. Das Volumen beschlagnahmten Vermögens lag bei über zehn Millionen Euro. Jedes fünfte Ermittlungsverfahren im Bereich der organisierten Kriminalität in NRW wies Clan-Bezüge auf.[234]

Bundesweit verzeichnet die Polizeistatistik seit Jahrzehnten eine Zunahme der Clankriminalität, deren Wurzeln bis in die 1980er-Jahre zurückreicht. Nach dem libanesischen Bürgerkrieg emigrierten besonders staatenlose arabische und palästinensische Familien nach Deutschland und breiteten sich hierzulande mit illegalen Aktivitäten, von Drogenhandel und Raub über Erpressung bis zum Diebstahl aus. Einige Clans haben mittlerweile offenbar Tausende Mitglieder. [235] An Gesetze halten sie sich ungern – jedenfalls nicht an die der Bundesrepublik Deutschland. 2023 bekämpfen sich syrische und kurdisch-libanesische Clans im Ruhrgebiet tagelang. Sie jagten mit Messern, Baseballschlägern und Dachlatten, die mit Nägeln gespickt waren, durch die Straßen von Castrop-Rauxel, Gelsenkirchen und Essen. Videos in sozialen Medien vermittelten ein Bild von bürgerkriegsähnlichen Straßenkämpfen mitten im Ruhrgebiet. Dann schlossen die Clans, begleitet von TV-Kameras, Frieden. Den deutschen Rechtsstaat beachteten sie weder beim Straßenkampf noch beim Friedensschluss – in diesen Parallelwelten herrschen eigene Gesetze, die eine deutsche Gerichtsbarkeit weder anerkennen noch benötigen.[236]

2023 warnten die deutschen Sicherheitsbehörden vor dem Zusammengehen der Clans mit salafistischen Predigern, die Zehntausende von Followern in den sozialen Netzwerken haben.[237] Salafisten orientieren sich radikal an der islamischen Frühzeit vor 1.400 Jahren und wollen in Deutschland islamische Herrschafts- und Gesellschaftsformen einführen. Der Salafismus ist die in den letzten Jahren am schnellsten gewachsene islamistische Strömung in Deutschland. Fast alle bisher in Deutschland identifizierten terroristischen Netzwerkstrukturen und Einzelpersonen waren salafistisch geprägt bzw. haben sich in salafistischen Milieus entwickelt. Ermittler beobachteten schon seit Jahren, wie sich Personen aus dem Clan-Milieu zunehmend religiös radikalisieren.[238] Das Phänomen ist also unübersehbar, nur beim Namen soll man es nicht nennen, weil das stigmatisierend sei.

Der Migrationsexperte Ahmad Mansour hat vermutlich recht, wenn er beklagt, dass es gar nicht um politisch korrekte Sprache gehe, sondern „um eine Politisierung der Sprache, um bestimmte Phänomene und Tätergruppen zu tabuisieren". Dies geschehe durch „Verallgemeinerungen und neu ersetzte Begriffe". Er ergänzt: „Dass die Polizei versucht, politisch korrekter zu werden, also ihre Sprache zu reflektieren, ist an sich wichtig und richtig. Aber das, was hier gemacht wird, ist der Versuch, eine politische Ideologie auf die Realität aufzuzwingen." Auch Tübingens Oberbürgermeister Boris Palmer ist zuzustimmen, wenn er sagt: „Kriminalität zu bekämpfen, indem man sie durch unverständliche Begriffe verschleiert, dient der Sicherheit gewiss nicht!"[239]

Sexualaufklärung für Zuwanderer

Am 14. Oktober 2018 wurde eine 18-Jährige in Freiburg von acht Männern, darunter sieben Syrern im Alter von 19 bis 29 Jahren, vergewaltigt. Der mutmaßliche Haupttäter war bei der Polizei schon seit Monaten als Intensivtäter bekannt, es ging um Körperverletzung, Sexualstraftaten und Drogenhandel.

Während die Tat für Entsetzen sorgte, auch weil sie als exemplarisch für eine vermeintlich generelle Entwicklung gesehen wurde, gab die Reaktion der Integrationsbeauftragten der Bundesregierung diese geradezu der Lächerlichkeit preis. Sie forderte als Konsequenz aus Freiburg mehr Sexualaufklärung für Flüchtlinge. Tenor: Deutschland sei selbst schuld, weil es die

Flüchtlinge nicht ausreichend deutlich darauf hinweist, dass Vergewaltigung hierzulande verboten ist.[57] Wer die Bilder der Silvesternacht 2015/16 in Köln im Kopf hatte oder gar zu den Betroffenen gehörte, musste sich von den Ausführungen der Integrationsbeauftragten der Bundesregierung für „dumm verkauft" fühlen.

In diesem Zusammenhang sind die Ausführungen des Journalisten Jan Fleischhauer überaus erhellend, der schildert, wie die Deutsche Islam Konferenz (DIK) abläuft. Die Dialogveranstaltung zwischen dem deutschen Staat und den in Deutschland lebenden Muslimen wurde 2006 vom früheren deutschen Innenminister Wolfgang Schäuble ins Leben gerufen – seitdem wird sie vom deutschen Steuerzahler finanziert.

Lassen wir den Journalisten Jan Fleischhauer zu Wort kommen:[240]

Ich war drei Jahre lang Mitglied der Deutschen Islamkonferenz. Keine Ahnung, wem ich die Einladung zu verdanken hatte, aber eines Tages rief ein freundlich klingender Mitarbeiter des Bundesinnenministeriums an und fragte, ob ich Zeit und Interesse hätte, als Journalist meine Erfahrungen einzubringen.

Man muss sich die Islamkonferenz wie eine lange Therapiesitzung vorstellen, bei der jeder ausführlich beschreibt, welches Unrecht ihm als Mitglied einer ethnischen Minderheit in Deutschland widerfährt oder widerfahren kann. Der Dialog bestand darin, sich gegenseitig zu versichern, wie sehr Ausländer und ihre Nachfahren in Deutschland benachteiligt sind. So verliefen dann auch die Sitzungen eher einseitig. Die eine Hälfte schilderte das Migrantenschicksal, die andere Hälfte saß da und schaute betroffen.

Nur einmal kam es zu einem unschönen Zwischenfall, als eine junge Deutsch-Türkin das Wort ergriff, Professorin für Wirtschaftsrecht an der Hochschule Anhalt in Bernburg, wie ich den Tagesunterlagen entnahm. Sie sei es leid, dass der kulturelle Unterschied ständig als Entschuldigung diene, morgens nicht mit den Kindern aufzustehen und nach der Schule die Hausaufgaben zu vernachlässigen. „Es gibt eine latente Akzeptanz in der türkischen Community für Eltern, die ihre Kinder schlecht erziehen, sie finden Verständnis, das sie nicht verdienen", sagte sie.

Es wurde sehr still im Raum. Der Sitzungsleiter, ein Herr Frehse aus der Grundsatzabteilung des Innenministeriums, guckte betreten in seine Papiere und regte dann eine Kaffeepause an. Wie ich später erfuhr, stammte die Professorin aus einer Gastarbeiterfamilie aus dem Wedding, der Vater Arbeiter in einer Schokoladenfabrik, die Mutter ebenfalls am Band, vier Mädchen, alle Abitur, sie die jüngste Professorin, die bis dato in Deutschland einen Lehrstuhl erhalten hatte.

Ich hätte es spannend gefunden, mehr darüber zu erfahren, wie sie es geschafft hatte, sich nach oben zu kämpfen. Aber dazu kam es nicht. Beim nächsten Mal war sie nicht mehr dabei.

Solange die politische „Integration" derart einseitig verläuft, muss man sich nicht wundern, wenn zwischen 2015 und 2023 nicht viel an tatsächlicher Integration geschehen ist.

Silvesterkrawalle 2022/23

In der Silvesternacht 2022/23 kam es zu ähnlichen Exzessen wie 2015/16 – dieses Mal war die Gewalt allerdings nicht gegen Frauen gerichtet, sondern gegen die Polizei; und das Ganze spielte sich auch nicht in Köln, sondern in Berlin ab. Brennende Polizeifahrzeuge, demolierte Rettungswagen, Einsatzkräfte, die mit Schreckschusspistolen und Böllern attackiert wurden – vier Tage nach den Krawallen auf den Berliner Straßen hatte die Polizei bereits 355 Straf- und Ordnungswidrigkeitsverfahren eingeleitet, unter anderem wegen Landfriedensbruchs, gefährlicher Körperverletzung und Herbeiführens einer Sprengstoffexplosion, vor allem aber auch wegen Angriffs auf und Widerstands gegen Vollstreckungsbeamte und Rettungskräfte.

Wie schon sieben Jahre zuvor in Köln waren vor allem junge Männer auf den Straßen der Hauptstadt an den Ausschreitungen beteiligt. Von den 145 Personen, die vorläufig festgenommen wurden, waren nach polizeilichen Angaben 27 nicht einmal 18 Jahre alt; sechs waren weiblich, alle anderen männlich.[241] Ebenso wie das Alter sticht die Herkunft hervor: Bei 100 der 145 Männer handelte es sich um Ausländer, darunter 27 Afghanen und 21 Syrer; insgesamt waren 18 verschiedene Nationalitäten erfasst worden, ließ die Berliner Polizei verlauten.[242]

Wenige Tage später lieferte die Polizei eine erstaunliche Erklärung an die Presse nach: „Nur 38 Festnahmen nach Böller-Attacken – Mehrheit ist deutsch.“ Die feinsinnige Differenzierung von öffentlicher Seite: Die Zahl 145 beziehe sich auf *alle* Festnahmen in Berlin in der Silvesternacht, jedoch nur 38 davon entfalle auf Angriffe gegen Polizisten und Rettungskräfte.[243] Das mag stimmen, aber der Verdacht liegt nahe, dass die Statistik so lange hin und her gerechnet wurde, bis sie sich politisch korrekt darstellte.

In derselben Nacht warf ein 30-jähriger Tunesier in Heilbronn Silvesterböller in eine Gruppe von Kindern. Bei der polizeilichen Festnahme wurden ein Messer und Reizgas bei ihm gefunden. Der Mann, der zuvor schon in zwei Fällen zur Bewährung verurteilt worden war und bereits 2019 nach Tunesien abgeschoben werden sollte, wurde zu neun Monaten Haft ohne Bewährung verurteilt.[244]

Wer in diesen Beispielen ein Muster zu erkennen glaubt, wer diese Gewaltexzesse mit der Migrationspolitik in Deutschland in Verbindung bringt, steht rasch im Ruf, ein Rassist oder gar noch Schlimmeres, falls es das überhaupt gibt, zu sein.

Man muss nicht so weit gehen wie der 2018 amtierende Innenminister, der die Migration als die „Mutter aller Probleme“ in Deutschland bezeichnete. Aber den Mantel des Schweigens über Tätergruppen zu legen, nur weil es nicht als politisch korrekt gilt, sie zu benennen, stellt sicherlich keine Lösung dar.

Dass es dabei nicht etwa um „Ausländer“ im Allgemeinen, sondern um ganz spezifische Gruppen geht, zeigt ein Blick auf die Asiaten. Wie oft hat man in Deutschland von Gewalttaten gehört, die *von* Asiaten begangen wurden? Häufiger ist die Gewalt *gegen* Asiaten gerichtet, vor allem nach Corona, weil Chinesen ein Mitverschulden an der Pandemie zugeschrieben wird.[245]

Mordbube unter dem Sprachschutz des NDR

Ende Januar 2023 stach ein 33 Jahre alter staatenloser Palästinenser in einer Regionalbahn von Kiel nach Hamburg mit einem Messer wahllos auf Reisende ein. Eine 17-jährige Schülerin und ein 19-Jähriger starben vor Ort im Zug, fünf weitere Menschen wurden schwer verletzt, zwei davon lebensgefährlich. Der arabische Messerstecher konnte überwältigt werden; gegen ihn wurde Haftbefehl wegen zweifachen heimtückischen Mordes und vierfachen versuchten Totschlags erlassen.[246] Solche Taten sich furchtbar, aber sie lassen sich eben nicht verhindern – wirklich nicht? Schon kurz nach der Tat wurde klar, dass der Mordbube

2014 als Asylbewerber nach Deutschland gekommen war und für Dutzende von Einträgen in Polizeiakten gesorgt hatte. Ein drogensüchtiger Intensivtäter, der schon wegen Körperverletzung, Sachbeschädigung, Bedrohung und anderer Straftaten angeklagt war, lässt zwangsläufig die Frage aufkommen, warum er nicht längst abgeschoben worden war. Der Umgang mit Kriminalität unter Zuwanderern ist seit vielen Jahren ein wichtiges politisches Thema.

Doch dem öffentlich-rechtlichen Sender NDR Hamburg ist vor allem eines wichtig: diskriminierende Sprache zu vermeiden. Auf die Frage, warum die Herkunft des Täters in der Berichterstattung des Senders verschwiegen wurde, antwortete der NDR: „Die Herkunft des Täters ist für den Bericht nicht relevant und führt zu einer diskriminierenden Verallgemeinerung oder zu Fehlinterpretationen.“ Auf weitere Nachfrage teilte der NDR mit: „Ja, Korrektheit ist uns sehr wichtig. Ebenso, wie unsere Seiten von Rassismus und Fremdenfeindlichkeit zu befreien. Das ist keine Zensur, sondern Erhalt der Demokratie.“

Man kann verstehen, wenn manch einer angesichts dieser geradezu menschenverachtenden Einstellung an den öffentlich-rechtlichen Sendeanstalten in Deutschland verzweifelt. Zwei junge Menschen werden ermordet, aber der NDR hält Fakten bewusst zurück, damit sich die Bevölkerung kein eigenes Bild von der Situation machen kann – denn das könnte anders aussehen als das, welches der NDR für „korrekt“ hält. Die Argumentation ist an Dreistigkeit kaum zu überbieten: Die Herkunft des Täters zu nennen, befeuere Rassismus und Fremdenfeindlichkeit. Das Verschweigen der Herkunft ist demnach ein anti-rassistischer Akt. Erst später, nachdem die Faktenlage von anderer Seite öffentlich wurde, sah sich der NDR gezwungen, nachzuziehen.[247]

Das ist nur ein einziges Beispiel aus einer ganzen Serie von Vorfällen im öffentlich-rechtlichen Rundfunk, bei denen für die Zuschauer bzw. Zuhörer der Eindruck entstehen musste, die Herkunft von Tätern solle verschleiert werden. Gleichzeitig und wohl auch, um diesem Eindruck entgegenzuwirken, hat sich seit der Kölner Silvesternacht 2015/16 der redaktionelle Blickwinkel in der Migrationsberichterstattung geändert, wie Studien belegen.[248] So stieg der Anteil der Fernsehberichte über Gewaltdelikte im Inland, welche die Herkunft der Tatverdächtigen nannten, von knapp fünf Prozent im Jahr 2014 auf fast 18 Prozent im Jahr 2017 und auf über 31 Prozent im Jahr 2019. Ähnlich die Berichterstattung der überregionalen Tageszeitungen 2019: Gut 44 Prozent der Zeitungsbeiträge nannten die Herkunft von Tatverdächtigen, und soweit dies geschah, waren sie zu fast 94 Prozent ausländischer Herkunft. Diese Dualität – auf der einen Seite der Vorwurf, die Herkunft solle verschleiert werden, und auf der anderen Seite die Nennung eben dieser Herkunft – haben zweifelsohne maßgeblich dazu beigetragen, dass der Eindruck entstanden ist, „man sollte nicht darüber reden, aber in Wahrheit…“.

Ein weiterer Aspekt ist ebenfalls zu beachten: Während wir auf der einen Seite fremde Kulturen und die daraus kommenden Menschen besonders achten sollen, fordern Teile der Politik von uns zugleich, die eigene Kultur weitgehend der Vergangenheit anheim zu geben. Dies bestärkt den Eindruck, „die anderen“ seien wichtiger als „wir selbst“ – wobei die Interpretation beider Begriffe nebulös bleibt, aber in der Öffentlichkeit dennoch eine starke Rolle spielt.

Die politische Korrektheit hat sich längst auf den Weg gemacht, unseren Alltag zu bestimmen, wie das folgende Beispiel verdeutlicht.

Die Mauren und der Mohr

Als Mauren (spanisch *moros*) werden all jene in Nordafrika lebende Berberstämme verstanden, die vom 7. bis ins 10. Jahrhundert von den Arabern islamisiert wurden und diese bei ihrer Eroberung der Iberischen Halbinsel als kämpfende Truppe unterstützten. Die Herleitung von griechisch *mauros* „dunkel" bietet sich an, doch es kommt auch die Herkunft aus einer nordafrikanischen Berbersprache in Betracht. Die Mauren waren ihrerseits Namensgeber für das antike Reich Mauretanien und den heutigen Staat Mauretanien. Die Bezeichnung „Mohr", die in ähnlicher Form erstmals im Althochdeutschen des 8. Jahrhunderts auftaucht, bezeichnete zunächst einen „Bewohner Mauretaniens, Marokkos oder Äthiopiens", setzte sich später aber auch als Bezeichnung für einen Menschen mit dunkler Hautfarbe durch. Es ist unbestreitbar, dass „Mohr" eine längst veraltete Bezeichnung ist – aber über die Frage, ob sie deshalb auch diskriminierend sein muss, wird durchaus gestritten.

So verteidigen viele Apotheken, die den „Mohr" im Namen tragen, ihre Haltung mit dem Hinweis, dass er die Heilkunst der Mauren aus Nordafrika repräsentiert.[249] Bundesweit gibt es rund 90 Mohren-Apotheken. Ebenso heftig wird um die Mohrenstraße in Berlin und den gleichnamigen U-Bahnhof gestritten.

Exemplarisch für das Hin und Her um das vermeintlich „böse M-Wort" steht das Wappen Coburgs: der legendäre Coburger Mohr als Schutzpatron der Stadt. Dabei handelt es sich um den heiligen Mauritius. Da jedoch niemand weiß, wie der Heilige genau ausgesehen hat, wurde er wegen seines Namens von den Künstlern des Mittelalters als Afrikaner dargestellt.

Dann wurde das Mauritius-Wappen aus rassistischen Gründen abgeschafft – allerdings nicht von der heutigen politischen

Korrektheit, sondern 1934 von den Nationalsozialisten. Das dem damaligen Zeitgeist geschuldete Stadtwappen zeigte ein schwarz-gold gefärbtes, längs gespaltenes Schild mit gestürztem Schwert und einem zum Sonnenrad gebogenen Hakenkreuz im Knauf. Nach dem Ende des Zweiten Weltkrieges führte Coburg das Mauritius-Bildnis wieder als Wappen ein. 1974 beschloss der Coburger Stadtrat einstimmig, die mittelalterliche Wappentradition fortzusetzen und unabhängig von der Herkunft und des möglichen Aussehens des Heiligen, ihn im Stadtwappen als Afrikaner zu symbolisieren.[250] Doch 2020 kam es in der Sache erneut zum Streit – nicht in Coburg, sondern durch zwei Frauen aus Berlin, die eine Online-Petition zur Änderung des Wappens starteten mit der Begründung: „Das ist eine rassistische Darstellung, die heutzutage so einfach nicht mehr stattfinden kann." Die Coburger Bürgerschaft rief prompt eine Gegenpetition mit dem „Der Coburger Mohr soll bleiben – Rettet den Coburger Stadtpatron im Wappen" ins Leben."[251]

Es passt ins Bild der Wortverbannung, dass die Staatlichen Kunstsammlungen Dresden (SKD) die Titel von mehr als 140 Werken verändert haben, um niemanden zu diskriminieren. Der weltberühmte „Mohr mit der Smaragdstufe" im Grünen Gewölbe heißt nunmehr „**** mit der Smaragdstufe". Der Name eines Bildes des Niederländers Jan Fyt wurde von „Hund, Zwerg und Knabe" zu „Hund, kleinwüchsiger Mann und Junge" geändert.[252]

Was herauskommen kann, wenn ein Schwarzer in Sachen „Mohr" selbst entscheidet, zeigt der Deutsch-Afrikaner Andrew Onuegbu: Er hat sein Kieler Restaurant „Zum Mohrenkopf" genannt. Der gebürtige Nigerianer lebt seit 1992 in Deutschland und vertritt die Meinung: „Ich möchte als Schwarzer nicht erklärt bekommen, wann meine Gefühle verletzt werden".[253]

Was das mit Migration zu tun hat? Viel, denn indem uns weisgemacht wird, dass wir eine Art geschichtlicher Schuld anderen Völkern gegenüber tragen, werden wir darauf getrimmt, diese Schuld heute wieder wettzumachen, in dem wir diese fremden Kulturen im Alltag besonders ehren. Zur Klarstellung: Damit soll nicht die schreckliche Zeit des Kolonialismus verharmlost werden. Aber es ist wenig hilfreich in einer rationalen Diskussion über Migration, aus der damaligen Zeit eine „Dauerschuld" herzuleiten, die Europa heute durch eine ungezügelte Aufnahme fremder Kulturen gutzumachen habe. Es geht dabei nicht um die historische Aufarbeitung – die sollte man getrost den Historikern überlassen –, sondern um die aktuellen und künftigen politischen Implikationen.

Bismarck wird unbeliebt

Doch nicht nur die Verfechter der Mauren oder Mohren stehen in der Kritik, sondern auch der erste deutsche Reichskanzler Otto von Bismarck hält der Political Correctness nicht stand. Bismarck sei keinesfalls ein Demokrat gewesen, sondern ein Rassist.[254] In zahlreichen deutschen Städten erinnern Denkmäler an ihn, manch ein Prunksaal ist nach ihm benannt. Historisch lässt sich kaum bestreiten, dass von Bismarck Kolonialpolitik betrieben hat – wie es zu seiner Zeit gang und gäbe war. Zwar hatte er 1881 klar formuliert „Solange ich Reichskanzler bin, treiben wir keine Kolonialpolitik", sich aber später doch in das Rennen um neue Ländereien eingelassen.[255] 2020 kam es zu einem Farbanschlag auf ein Bismarck-Denkmal in Hamburg-Altona; seitdem wuchert die Diskussion.[256] Schließlich stehen hunderte von Bismarck-Denkmälern beinahe in ganz Deutschland.

Die Bundesregierung tilgte Otto von Bismarck 2022 auf eigene Weise. Das Auswärtige Amt benannte einen Saal um, der den

Namen von Bismarck getragen hatte, und zwar in „Saal der Deutschen Einheit“. Noch geschichtsvergessener konnte man wohl kaum vorgehen: In diesem Raum tagte nämlich zu DDR-Zeiten das Politbüro der SED. Man mag sich erinnern: Zur deutschen Einheit kam es erst, nachdem diese Partei und ihr Staat zusammengebrochen waren.[257]

Es wird wohl nicht mehr lange auf sich warten lassen, bis für den Bismarckhering ein neuer Name gefunden werden muss. Schließlich hat von Bismarck die Zubereitungsart des Herings mit einer sauren Marinade aus Essig, Speiseöl, Zwiebeln, Senfkörnern und Lorbeerblättern sehr gemocht. Auch hier könnte der Rückgriff auf die DDR-Geschichte funktionieren: Im deutschen Unrechtsstaat hieß diese bodenständige Fischspezialität schließlich Delikatesshering.

Man muss blind sein, um den Zusammenhang und die Auswirkungen nicht zu begreifen: Auf der einen Seite wird urdeutsches Kulturgut abgeschafft, auf der anderen Seite wird verlangt, neuen Kulturen gegenüber offen zu sein. Unsere Kultur sollen wir besonders kritisch betrachten, andere Kulturen besonders unkritisch.

Unser Wohlstand ist gefährdet

„Leben und leben lassen“ lautet ein altes deutsches Sprichwort. Aber es findet seine Grenze dort, wo der Eindruck entsteht, der eigene Lebensstandard würde darunter leiden, dass man andere gut leben lässt. Und genau das ist die Situation in Deutschland: Ein Großteil der Bevölkerung hat den Eindruck, dass der eigene Wohlstand auf dem Spiel steht, weil sie ihn mit immer mehr Migranten teilen müssen, die ins Land kommen. So wird „unser Land“, genauer gesagt „unser Wohlstand“, verschenkt.“

In Wahrheit gibt es natürlich auch völlig andere Ursachen für mehr oder minder begründete Zukunftsängste – vom Klimawandel bis zur Energieknappheit. Doch das macht die Sache nicht besser, weil diese Entwicklungen wenig geeignet sind, den Menschen die Angst vor einem Wohlstandsverlust zu nehmen. Dazu hat maßgeblich beigetragen, dass sich die Ampel-Regierung aus SPD, Grünen und FDP seit ihrem Amtsantritt 2021 wenig um die Migration gekümmert hat und stattdessen vor allem das Klima zu retten versuchte – bis sie sich im Herbst 2023 endlich des Themas Migration annahm, wohl in erster Linie, um den Verfall der Zustimmung zur eigenen Politik und den scheinbar unaufhaltsamen Aufstieg der AfD zu stoppen. Bei der „Sonntagsfrage Bundestagswahl“ („Welche Partei würden Sie wählen, wenn am nächsten Sonntag Bundestagswahl wäre?“) kamen im Oktober 2023 je nach Umfrageinstitut die SPD auf 14 bis 17 Prozent, die Grünen auf 13 bis 15 Prozent und die FDP auf fünf bis sechs Prozent, während es die AfD auf Werte zwischen 19 und 21 Prozent brachte.[258] Mit anderen Worten: Die Anti-Migrationsposition hatte der AfD mehr Zustimmung gebracht als irgendeine der Regierungsparteien für sich verbuchen konnte. Das – und weniger die Sorge um Deutschland – war wohl der Hauptgrund, warum sich die Ampel-Regierung kurz vor dem Eintritt ins Jahr 2024 überhaupt um das Thema kümmerte, das den Deutschen am meisten auf den Nägeln brannte. 44 Prozent stuften im Herbst 2023 die Zuwanderung als das wichtigste politische Problem ein.[259]

Man muss diesen Trend nicht mögen, mag ihn sogar hassen, aber man muss wohl zur Kenntnis nehmen, dass Demokratie bedeutet, dass die Menschen derjenigen Partei ihre Stimme geben, bei der sie ihre Interessen am besten vertreten glauben.

Diese Umfragewerte basierten zweifelsohne auf einer geradezu „unheimlichen Verbindung“ zwischen der von der Klimarettungs-Ideologie getriebenen Energiepolitik der Regierung mit der Angst vor Wohlstandsverlusten. Diese Denkweise lässt sich wie folgt auf den Punkt bringen: Während fremdländische Kulturen unsere deutsche Lebensart erdrücken, gefährden wir – unsere Regierung – eine wesentliche Grundlage unseres Wohlstands, eine sichere und erschwingliche Energieversorgung.

Energie als Wohlstandsfaktor

Überall dort, wo Energie zur Verfügung stand, hat sich Wohlstand ausgebreitet. Energie und Wohlstand sind eng miteinander verbunden. Energie ist eine wesentliche Ressource, die für das Wirtschaftswachstum und den sozialen Fortschritt einer Gesellschaft unerlässlich ist. Deshalb ist die „Energiefrage“ von viel weitreichenderer Bedeutung als gemeinhin angenommen wird. Blicken wir auf einige wenige Beispiele.

Energie ist der Treibstoff für wirtschaftliche Aktivitäten, der benötigt wird, um Maschinen anzutreiben, Transportmittel zu betreiben, Gebäude zu beheizen und zu kühlen, elektrische Geräte zu betreiben und vieles mehr. Industrien und Unternehmen benötigen Energie, um Produktion und Dienstleistungen zu ermöglichen. Eine ausreichende Energieversorgung fördert alle wirtschaftlichen Aktivitäten und schafft Arbeitsplätze, was wiederum den Wohlstand einer Gesellschaft steigert.

Energie spielt auch eine entscheidende Rolle beim Zugang zu Bildung und Kommunikation. Eine Stromversorgung ermöglicht den Betrieb von Schulen, Universitäten und Bildungseinrichtungen, einschließlich Computern, Internet und anderer elektronischer Geräte. Energie ist auch für den Betrieb von Telekommunikationsnetzen und Mobilfunkinfrastrukturen erforderlich, die die Kommunikation und den Zugang zu Informationen verbessern. Durch den Zugang zu Bildung und Kommunikation können Menschen ihr Wissen erweitern, ihre Fähigkeiten entwickeln und bessere Chancen für Beschäftigung und persönliches Wachstum haben.

Anhand dieser Beispiele wird klar, wie wichtig *erschwingliche* und *zuverlässige* Energie für alle ist. Gesundheit, Bildung, Wohlstand, Lebensqualität – alles hängt an der Energieversorgung. Die nachhaltige Bereitstellung bezahlbarer Energie sollte also zu den Grundpfeilern jeder vernünftigen Politik gehören – *sollte*! Tatsächlich ist die Ideologie offenbar wichtiger als die Nachhaltigkeit.

Wer den Zusammenhang zwischen der Energiewende, der Migrationspolitik und dem Erstarken der AfD 2023 nicht erkannte, hatte wenig Ahnung von menschlichen Denkmustern. Je besser es einem selbst geht, desto leichter geht man auch damit um, dass es anderen gut geht – selbst dann, wenn das zu den eigenen Lasten geschieht. Wer viel besitzt, gibt leichter ab. Doch 2023 wurde (einmal mehr) deutlich, dass Deutschland und weite Teile der hiesigen Bevölkerung eben nicht „viel besitzt“, sondern wirtschaftlich schwer zu kämpfen hat. In einem Land an der Grenze zur Rezession ist der Willen der Bevölkerung, Menschen aus anderen Teilen der Welt aufzunehmen und dafür selbst tatsächlich oder auch nur gefühlt zurückzustecken, gering.

Deutschland lebt von der Substanz

Dabei steckt Deutschland mit Stand 2023 und auf absehbarer Zukunft in einer Rezession, die sich längst abgezeichnet hat. Tatsächlich hat unser Wohlstand schon lange zu schrumpfen begonnen, wie Studien nahelegen. Deutschland lebt schon seit Jahren von seiner Substanz.[260] Im Vergleich mit vielen anderen entwickelten Volkswirtschaften hat Deutschlands Kapitalstock in den vergangenen knapp 20 Jahren erheblich an Qualität eingebüßt.[261]

Zum Kapitalstock eines Landes zählen Fabrikgebäude, Maschinen, Straßen und Schulen aber auch geistiges Eigentum aus dem Bereich Forschung und Entwicklung, Software und Datenbanken. Dieser Kapitalstock bildet mit den Arbeitskräften die Grundlage dafür, wie sich eine Volkswirtschaft entwickeln kann. Je moderner der Kapitalstock, desto höher ist die Wertschöpfung je Beschäftigtem – und umgekehrt. In Deutschland ist der Modernitätsgrad des Kapitalstocks seit vielen Jahren rückläufig.

Diese wirtschaftlichen Unwägbarkeiten – um das Wort vom Niedergang zu vermeiden – haben unzweifelhaft einen wesentlichen Anteil an der Ablehnung immer neuer Migrationsströme. Das Sprichwort „Du kannst nicht aus einem leeren Krug gießen“ hat auch heute noch Gültigkeit. Es bedeutet, dass man sich zuerst um seine eigenen Bedürfnisse und sein Wohlbefinden kümmern sollte, bevor man versucht, anderen zu helfen oder sich um sie zu kümmern.

Wer regelmäßig mit dem Flugzeug unterwegs ist, kennt die Ansage „Legen Sie zuerst Ihre eigene Sauerstoffmaske an, bevor Sie anderen helfen." Es unterstreicht die Wichtigkeit der Selbstfürsorge, damit man effektiv in der Lage ist, anderen zu helfen und für sie da zu sein. Doch in Regierungskreisen ist dieses Konzept augenscheinlich wenig bekannt – wahrscheinlich, weil die Regierungsmitglieder überwiegend auf Steuerzahlers Kosten in Privatmaschinen um den Globus düsen und ihnen daher die Standardansagen auf Linienflügen wenig geläufig sind.

Deutschland übernimmt sich

Die weitgehend unkontrollierte Migration über Jahre hinweg ist zu einem der größten gesellschaftlichen, wirtschaftlichen und politischen Problemen Deutschlands herangewachsen. Es ist unverzeihlich, dass die politische Mitte diesen immensen Themenkomplex Jahr für Jahr weitgehend ignoriert oder sogar mit Tabus belegt und damit dem politischen Rand in die Hände gespielt hat. Die Folgen davon tragen indes nicht die Politiker, sondern in erster Linie wir alle.

Die Migration überlastet die Infrastruktur in vielerlei Hinsicht. Die dramatisch absinkenden Schulleistungen der zunehmend von Migrantenkindern bevölkerten Schulklassen stellt nur ein einziges unter unzähligen Beispielen dar.

Darüber hinaus lässt die Migration die Sozialausgaben explodieren. So waren 2023 fast die Hälfte der Empfänger von Bürgergeld Migranten. Die Ausgaben für das Bürgergeld belaufen sich auf 44 Milliarden Euro. Das sind beinahe zehn Prozent der

Gesamtausgaben des Bundeshaushalts und über zwei Drittel der Investitionsausgaben.

Ebenso unübersehbar lässt die unkontrollierte Zuwanderung Kriminalität, ethnische Konflikte und Gewalt auf deutschem Boden anschwellen und zerstört den sozialen Frieden. Die zahlreichen und teilweise heftigen Demonstrationen für Palästina angesichts des neu entflammten Nahostkonflikts im Herbst 2023 stehen exemplarisch dafür, dass Deutschland immer mehr zum Austragungsort von Konflikten wird, die im Grunde mit unserem Land nichts zu tun haben.

Die Hoffnung, die unkontrollierte Zuwanderung trüge mittelfristig zum Wohlstand und zur Finanzierung des Sozialstaats bei, hat sich als Schimäre erwiesen. Wohlgemerkt: Damit sollen nicht die guten Leistungen und der immense Beitrag vieler – sehr vieler – Ausländer kleingeredet werden, die nach Deutschland gekommen sind, sich hierzulande eine Existenz aufgebaut haben, längst gut integriert sind und eine Bereicherung unserer Gesellschaft in vielerlei Hinsicht darstellen.

Doch das darf nicht darüber hinwegtäuschen, dass es auch „die anderen" gibt, die sich nicht integrieren und nichts zum Gemeinwohl beitragen wollen, sondern unseren gutmeinenden Staat nur ausnutzen und unser Gemeinwesen nach ihren Vorstellungen zu formen versuchen.

Der Tübinger Oberbürgermeister Boris Palmer formulierte das 2023 wie folgt:[262]

Die durchaus begründeten Sorgen um das eigene Wohlergehen eines immer größeren Teils der Gesellschaft und die Abwendung vieler Unternehmenslenker vom Standort Deutschland unterscheiden das Jahr 2023 vom Jahr 2015. Damals befand sich das

Land im Daueraufschwung. Die Wirtschaft ließ sich durch nichts aus dem Tritt bringen, es schien so, als könnten wir uns die Aufnahme von einer Million Flüchtlingen leisten, ohne spürbare Wohlstandsverluste hinnehmen zu müssen.

Das ist nun ganz anders. Wenn wieder Wohnraum für Geflüchtete geschaffen und umgewidmet wird, protestieren immer mehr Menschen und fragen, wo sie selbst wohnen sollen. In der Stadt Tübingen, für die ich Verantwortung trage, sind alle seit 2015 im Saldo neu geschaffenen Sozialwohnungen mit Flüchtlingen belegt. Die Verzweiflung der Wohnungssuchenden, darunter besonders viele mit Migrationshintergrund, wächst.

Die Akzeptanz der Kriegsflüchtlinge aus der Ukraine ist groß. Aber die Ablehnung der nun wieder dominierenden Gruppe arabischer und afrikanischer Flüchtlinge mit einem großen Überhang junger Männer nimmt zu, weil die Ressourcen in den Kommunen erschöpft sind.

Der nicht abreißende Strom der Nachrichten von Messerangriffen im öffentlichen Raum und in öffentlichen Verkehrsmitteln, bei denen sich regelmäßig ein Geflüchteter als Täter ermitteln lässt, verbindet diese Entwicklung mit dem Gefühl eines gravierenden Sicherheitsverlustes, wie die viel kritisierte Polizistin Claudia Pechstein korrekt berichtet hat.

Die Freibadschlägereien sollte man auch nicht als Sommerlochproblem abtun. Sie werden von vielen Menschen als Symbol verstanden, dass uns die Lage langsam entgleitet und man sich im eigenen Land nicht mehr wohlfühlen kann, sobald man das Haus verlässt.

Es müsste wieder ein Ruck durch das Land gehen, der Hoffnung macht, dass wir es packen. Die Angst kann sich so schnell ausbreiten, weil der Eindruck dominiert, das Land ergebe sich widerstandslos seinem Schicksal. …

Und was die Migrationsfrage angeht, war es noch nie so einfach, den Menschen die Ängste zu nehmen, wie heute.

Nur ein verschwindend kleiner Teil der Bevölkerung hat Angst vor eingewanderten Krankenschwestern, Köchen, Altenpflegern oder Metallbauern. Diesen Menschen müssen wir die Tore öffnen.

Es ist aber in jedem Dorf und an jedem Bahnhof sichtbar, dass wir in großer Zahl Menschen bei uns aufnehmen, die keinen Beitrag zu unserer Wirtschaft leisten und keinen Asylanspruch haben. Diesen Menschen an den Außengrenzen in einem rechtsstaatlichen Verfahren aufzuzeigen, dass sie nicht nach Europa einwandern dürfen, ist gerecht und notwendig. …

Die damit verbundene Härte gegenüber unberechtigten Einwanderern ist unverzichtbar, um die Migration zu ordnen. …

Auch das würde bei migrationsskeptischen Bürgern viel größere Akzeptanz finden als das heutige System, das bei immer mehr Menschen den Eindruck erweckt, als stünde der Staat hilflos einer immer größer werdenden Zahl von Armutsflüchtlingen gegenüber, die sich den Zutritt zum eigenen Dorf, zur eigenen Nachbarschaft, erzwingen können.

Wer den Aufstieg der AfD stoppen will, muss also dem drohenden wirtschaftlichen Niedergang unseres Landes entschieden entgegentreten und die Ordnung der Migration durch die Beschlüsse der EU zu einem gemeinsamen Asylsystem nach Kräften fördern. Die AfD bekämpft man nicht durch eine Eskalationsspirale der Beschimpfung und moralischen Abwertung, sondern durch kluge Problemlösungen.“

Werfen wir einen Blick in die Geschichte. Schon das römische Reich ist an der zersetzenden Kraft der Zuwanderung untergegangen. Die Ähnlichkeit zur aktuellen Entwicklung ist kaum zu übersehen. Um den Zerfall Deutschlands und Europas zu stoppen, müssen wir unseren „moralischen Overkill“ – die Idee, wir seien am Elend der Welt Schuld und hätten daher auch die Verpflichtung, die Welt zu retten – ablegen. Das gilt ebenfalls für die darauf basierenden rechtlichen Fesseln.

Statt den ohnehin zum Scheitern verurteilten Versuch zu unternehmen, die ganze Welt zu retten, wäre Deutschland gut beraten, seine eigene Zukunft zu retten.

Die politische Dimension dieser falsch verstandenen Verantwortung – für die Welt statt für Deutschland – kostet uns nicht nur unseren Wohlstand – was schlimm genug ist –, sondern möglicherweise auch unsere Demokratie. Das Erstarken der politischen Ränder verheißt nichts Gutes.

Angesichts dieser Gefahr gab 2023 Bundespräsident Frank-Walter Steinmeier seine durch die Position gebotene Zurückhaltung in der Migrationsfrage auf und sprach sich für eine Begrenzung der Flüchtlingsaufnahme in Deutschland aus. Auf eine konkrete Zahl wollte er sich zwar nicht festlegen, „aber wir brauchen eine Begrenzung der Zugänge, das ist keine Frage“.[263] Und weiter: „Die sogenannte illegale Migration müssen wir eindämmen. Diese Begrenzung sei am Ende nur zu erreichen, wenn Deutschland mit den anderen europäischen Mitgliedsstaaten Außengrenzkontrollen mache. Zudem müsse man es hinbekommen, dass die Prüfverfahren derer, die keine oder kaum eine Chance auf Asyl hätten, an den Außengrenzen abgewickelt und die Menschen dann auch von dort aus abgeschoben würden. Wörtlich sagte Steinmeier: „Wenn wir diese Regelung hinkriegen, und auf dem Weg sind wir ja Gott sei Dank inzwischen, dann werden sich auch die Ankunftszahlen in Deutschland verringern.“[264]

Er plädierte dafür, dass „ein Klima entsteht, in dem die demokratischen Parteien untereinander zu Verständigungen kommen.“ Sei das nicht der Fall und bleibe es ein ewiges Streitthema, profitierten andere davon. Er habe Verständnis dafür, dass man in einer Demokratie seine Unzufriedenheit zum Ausdruck bringe, antwortete Steinmeier auf eine Frage zu den hohen Umfragewerten für die AfD. Gleichzeitig erklärte er: „Ich habe (...) kein Verständnis dafür, dass man seine demokratische Stimme gebraucht, um Vorstellungen oder Bewegungen zu unterstützen, die auf der Grundlage der Verachtung der Demokratie bestehe.“[265] Die Gefahr, dass sich die Migrationskrise zu einer Demokratiekrise entwickeln kann, war 2023/24 also unübersehbar.

Für die Ewigkeit – oder?

Die Verfasser des Grundgesetzes der Bundesrepublik Deutschland wollten unter allen Umständen eines vermeiden: die Aushöhlung oder gar Abschaffung der Demokratie. Daher formulierten sie in Artikel 79, Absatz 3, eine „Ewigkeitsklausel“:[266]

Eine Änderung dieses Grundgesetzes, durch welche die Gliederung des Bundes in Länder, die grundsätzliche Mitwirkung der Länder bei der Gesetzgebung oder die in den Artikeln 1 und 20 niedergelegten Grundsätze berührt werden, ist unzulässig.

Selbst eine neue Verfassung nach Artikel 146 Grundgesetz kann diese Ewigkeitsklausel nach herrschender Juristenmeinung nicht aufheben. Die Bundesrepublik Deutschland ist demnach als Demokratie für die Ewigkeit geschaffen. Oder? Im Winter 2023/24 wurden Pläne bekannt, eine eigene Islamisten-Partei in Deutschland zu gründen – und in den Bundestag zu führen. Das Wählerpotential für die Islamisten wurde als „gewaltig“ eingestuft.[267] Das wäre zwar ein demokratisch legitimierter Weg in ein neues Deutschland – aber eines, das mit dem Deutschland, wie wir es kennen, nichts mehr zu tun hätte.

Quellenangaben und Anmerkungen

[1] https://scilogs.spektrum.de/natur-des-glaubens/ein-mann-der-die-wahrheit-spricht-braucht-ein-schnelles-pferd-ein-armenisches-sprichwort/

[2] https://www.aphorismen.de/zitat/176435

[3] https://www.spiegel.de/politik/deutschland/pressefreiheit-die-empoerung-der-presse-ist-uebertrieben-kolumne-fleischhauer-a-1225695.html

[4] https://www.ifo.de/DocDL/sd-2018-18-chiemsee-konferenz-raffelhueschen.pdf

[5] https://de.wikipedia.org/wiki/Wir_schaffen_das

[6] https://www.zeit.de/gesellschaft/2023-05/migration-gefluechtete-einwanderungs-land-wanderungsstatistik-gastarbeiter

[7] https://abi.unicum.de/abitur/abitur-lernen/aufklaerung-epoche

[8] https://www.tagesschau.de/ausland/un-fluechtlingszahlen-100.html

[9] https://www.tagesschau.de/ausland/europa/asylantraege-146.html

[10] https://blogs.worldbank.org/voices/when-will-refugees-get-covid-19-vaccine

[11] https://www.rescue.org/de/artikel/110-millionen-auf-der-flucht-das-sind-die-fakten

[12] https://de.wikipedia.org/wiki/Liste_der_Länder_nach_geflüchteter_Bevölkerung

[13] https://www.rsc.ox.ac.uk/files/files-1/wp12-conceptualising-forced-migration-2003.pdf

[14] https://grundgesetz-lesen.de/das-grundgesetz/artikel-1-19-die-grundrechte/

[15] https://de.wikipedia.org/wiki/Liste_von_Moscheen_in_Deutschland

[16] https://www.deutschlandfunk.de/clash-of-civilizations-huntingtons-kampf-der-kulturen-20.1310.de.html?dram:article_id=313128

[17] https://www.fr.de/politik/landtagswahl-hessen-ere855992/an-frankfurter-schule-grosser-aerger-ueber-afd-einladung-92555213.html

[18] https://www.deutschlandfunkkultur.de/umfrage-zur-aufnahme-von-fluechtlingen-die-deutschen-sind.2950.de.html?dram:article_id=484342

[19] https://www.mdr.de/nachrichten/deutschland/politik/faktencheck-hartz-buerger-geld-ukraine-fluechtlinge-100.html

[20] https://web.de/magazine/politik/moldau-georgien-eu-beitreten-36660240

[21] https://www.tagesspiegel.de/berlin/noah-abgehangt-mohammed-ist-der-beliebteste-babyname-in-berlin-9782666.html

[22] https://www.bpb.de/gesellschaft/migration/dossier-migration/252241/deutsche-migrationsgeschichte

[23] https://de.wikipedia.org/wiki/Gastarbeiter

[24] https://www.kas.de/de/web/geschichte-der-cdu/personen/biogramm-detail/-/content/theodor-blank-v1

[25] Ulrich Herbert: Krisenzeichen. Anwerbestopp für ausländische Arbeitnehmer/innen 1973, in: Zeitgeschichte-online, November 2013

[26] https://ec.europa.eu/germany/about-us/reasons/developmentaid_de

[27] https://www.bpb.de/gesellschaft/migration/dossier-migration/247811/aussiedler

[28] https://www.destatis.de/DE/Themen/Gesellschaft-Umwelt/Bevoelkerung/Wanderungen/_inhalt.html

[29] https://www.bild.de/regional/thueringen/thueringen-regional-politik-und-wirtschaft/nach-islamisten-razzia-minister-warnt-vor-terror-auf-weihnachtsmaerkten-85861056.bild.html

[30] https://www.hss.de/download/publications/PS_497_BUNDESTAGSWAHL_2021_08_Ullrich.pdf

[31] https://www.handelsblatt.com/politik/international/islamismus-die-rueckkehr-der-terrorangst/29451194.html

[32] https://www.bild.de/regional/berlin/berlin-aktuell/in-berliner-freibad-bademeister-sehen-sich-30-jugendlichen-gegenueber-84392564.bild.html

[33] https://www.bild.de/regional/berlin/berlin-aktuell/schlaegerei-an-der-rutsche-schwimmbad-neukoelln-von-der-polizei-geraeumt-84417892.bild.html

[34] https://www.rnd.de/panorama/randale-und-gewalt-im-freibad-trend-oder-aufgebauschtes-problem-KVBAKCL6ONAO7P5CQV4BACDBVU.html

[35] https://www.rnd.de/panorama/randale-und-gewalt-im-freibad-trend-oder-aufgebauschtes-problem-KVBAKCL6ONAO7P5CQV4BACDBVU.html

[36] https://www.bild.de/regional/berlin/berlin-aktuell/nach-schlaegereien-mehr-sicherheits-personal-fuer-berliner-freibaeder-84509048.bild.html

[37] https://www.sueddeutsche.de/muenchen/neue-heimat-am-besten-schmecken-sie-mir-geroestet-vom-grill-1.3184750

[38] https://www.sueddeutsche.de/muenchen/wiesnbesuch-entgeistert-1.3179678

[39] https://www.derwesten.de/panorama/vermischtes/eis-essen-sex-news-frauen-twitter-sommer-obszoen-b-id300588348.html

[40] https://www.zdf.de/nachrichten/panorama/fluechtlinge-statistisches-bundesamt-ukraine-krieg-russland-100.html

[41] https://www.stasi-mediathek.de/sammlung/innerdeutsche-grenze-und-berliner-mauer/

[42] https://www.malteser.de/fileadmin/Files_sites/malteser_de_Relaunch/Angebote_und_Leistungen/Migrationsbericht/Kapitel1_Zuwanderung_nach_Deutschland__aus_Malteser_Migrationsbericht_2017_es.pdf

[43] https://www.bpb.de/internationales/europa/russland/47922/stagnation-entspannung-perestroika-und-zerfall-1964-1991

[44] https://www.buzer.de/16a_GG.htm

[45] https://www.bpb.de/shop/zeitschriften/izpb/grundrechte-305/256669/asylgrundrecht/

[46] https://www.spiegel.de/politik/deutschland/migration-treffen-mit-olaf-scholz-friedrich-merz-legt-26-punkte-papier-vor-a-6277d468-260a-46ff-9db1-3c80056bdc8d

[47] https://www.spiegel.de/politik/deutschland/migration-bundeskabinett-beschliesst-gesetzentwurf-von-nancy-faeser-zu-verschaerften-abschieberegeln-a-6b4f011d-35f7-40a2-8a46-2e41a4d2f87e

[48] https://library.oapen.org/bitstream/id/3bf5a15e-b8e2-404e-8aec-b26c1141034f/646371.pdf

[49] https://rvrecht.deutsche-rentenversicherung.de/SharedDocs/rvRecht/05_Normen_und_Vertraege/02_A-B/AuslG/0032a/0032a_1997_02_28.html

[50] https://www.sem.admin.ch/sem/de/home/sem/aktuell/italien-dublin.html

[51] https://de.statista.com/statistik/daten/studie/521604/umfrage/bootsfluechtlinge-in-italien/

[52] https://www.bpb.de/izpb/238933/der-arabische-fruehling-und-seine-folgen?p=all

[53] https://www.proasyl.de/hintergrund/zahlen-und-fakten-2015/

[54] https://beck-online.beck.de/Dokument?vpath=bibdata%2Fges%2Fewg_rl_2013_32%2Fcont%2Fewg_rl_2013_32.htm&anchor=Y-100-G-EWG_RL_2013_32

[55] https://www.handelsblatt.com/politik/international/asylrecht-eu-kommission-leitet-verfahren-gegen-19-laender-ein/12356284.html

[56] https://mediendienst-integration.de/migration/flucht-asyl/zahl-der-fluechtlinge.html

[57] https://de.statista.com/statistik/daten/studie/451967/umfrage/anerkennungsquote-der-asylbewerber-aus-den-hauptherkunftslaendern/

[58] https://www.spiegel.de/politik/deutschland/abschiebungen-grosse-mehrheit-der-deutschen-befuerwortet-aussage-von-olaf-scholz-a-55bf4174-2670-4d82-becc-17cec030f5c3#

[59] Ulrich Herbert: Geschichte der Ausländerpolitik in Deutschland. München 2001

[60] https://www.zdf.de/nachrichten/politik/politbarometer-bundestagswahl-afd-ampel-cdu-csu-kanzlerkandidat-mindestlohn-100.html

[61] https://www.bpb.de/shop/zeitschriften/apuz/312828/die-geschehnisse-des-septembers-2015/

[62] https://www.welt.de/politik/deutschland/plus157934143/Wie-der-4-September-2015-als-Schicksalstag-ueberhoeht-wird.html

[63] https://www.zeit.de/2016/35/grenzoeffnung-fluechtlinge-september-2015-wochenende-angela-merkel-ungarn-oesterreich

[64] https://de.statista.com/statistik/daten/studie/463384/umfrage/auslaender-aus-syrien-in-deutschland/

[65] https://www.rnd.de/politik/aktuelle-migrationszahlen-2023-so-viele-fluechtlinge-kamen-bisher-nach-deutschland-D2BDRR5IJRHXXJA6IFT2WZCBBA.html

[66] https://books.google.de/books?id=jcxCCgAAQBAJ&pg=PT12&lpg=PT12&dq=Wir+marschieren!+Wir+marschieren!+Um+12+Uhr+geht+es+los!“

[67] https://www.grin.com/document/510347

[68] http://www.spiegel.de/politik/deutschland/fluechtlinge-obergrenze-von-asylantraegen-wird-2018-nicht-erreicht-a-1243974.html

[69] https://www.tagesspiegel.de/politik/parteitag-der-cdu-abschied-von-merkel-teil-1/23729788.html

[70] https://www.evangelisch.de/inhalte/134679/19-05-2016/studie-fluechtlinge-im-durchschnitt-jung-und-maennlich

[71] http://www.faz.net/aktuell/politik/fluechtlingskrise/balkan staaten-lassen-nur-noch-bestimmte-fluechtlinge-durch-13920955.html

[72] http://www.spiegel.de/politik/ausland/fluechtlinge-mazedonien-plant-zaun-an-der-grenze-zu-griechenland-a-1063124.html

[73] https://www.stuttgarter-zeitung.de/inhalt.fluechtlingspolitik-in-europa-oestliche-eu-staaten-fordern-abriegelung-der-balkanroute.e15bb01f-bd71-42b2-a1aa-844eb4ced148.html

[74] https://www.zeit.de/gesellschaft/zeitgeschehen/2019-03/koeln-silvesternacht-uebergriffe-verurteilungen

[75] https://www.presseportal.de/blaulicht/pm/12415/3534377

[76] https://www.spiegel.de/ausland/frankreich-elisabeth-borne-will-gegen-eltern-minderjaehriger-randalierer-vorgehen-a-551f66b3-5cef-40dc-9b3a-6c33733fb32d

[77] https://www.welt.de/bin/non_paper_PDF_bn-183569168.pdf

[78] https://www.finanznachrichten.de/nachrichten-2018-11/45245144-geheimpapier-grenze-haette-2015-geschlossen-werden-koennen-003.htm

[79] https://www.welt.de/politik/deutschland/article183625538/ Christian-Lindner-Grenze-haette-2015-geschlossen-werden-koennen.html

[80] https://www.spiegel.de/politik/deutschland/fluechtlinge-gericht-stoppt-abschiebungen-nach-griechenland-a-4bd6745b-1707-4faf-b4b8-0c0e95d7ee5b

[81] https://www.welt.de/politik/deutschland/article227760935/Sekundaermigration-Monatlich-kommen-1000-Fluechtlinge-aus-Griechenland.html

[82] https://www.spiegel.de/politik/deutschland/franco-a-rechtsextremer-bundeswehroffizier-wird-nun-doch-angeklagt-a-1297249.html

[83] https://www.faz.net/aktuell/politik/thema/franco-a

[84] https://www.sueddeutsche.de/politik/franco-a-urteil-haft-1.5621699

[85] https://www.welt.de/politik/ausland/article182395050/ Asylbewerber-Illegale-Migration-nach-Deutschland-wird-offenbar-unterschaetzt.html

[86] https://de.statista.com/statistik/daten/studie/461364/umfrage/illegale-grenzuebertritte-in-die-eu-durch-fluechtlinge-nach-fluchtrouten/

[87] https://www.welt.de/politik/deutschland/article190721229/ Migration-BAMF-Praesident-haelt-Zahl-der-Asylantraege-fuer-zu-hoch.html

[88] https://www.pewresearch.org/global/fact-sheet/nicht-autorisierte-migranten-in-deutschland/

[89] https://berlin-hilft.com/2023/10/02/fakten-statt-parolen-300-000-vollziehbar-ausreisepflichtige-abgelehnte-asylbewerber-jahre-alte-oft-widerlegte-populistische-behauptung/

[90] https://mediendienst-integration.de/migration/flucht-asyl/asylrecht.html

[91] https://www.unhcr.org/dach/de/ueber-uns/unser-mandat/die-genfer-fluechtlingskonvention

[92] https://www.bamf.de/DE/Themen/AsylFluechtlingsschutz/AblaufAsylverfahrens/Schutzformen/Asylberechtigung/asylberechtigung-node.html

[93] https://www.bgbl.de/xaver/bgbl/start.xav?startbk=Bundesanzeiger_BGBl&start=//*%255B@attr_id=%27bgbl115s1386.pdf%27%255D#__bgbl__%2F%2F*%5B%40attr_id%3D%27bgbl115s1386.pdf%27%5D__1615358377517

[94] https://www.unternehmen-integrieren-fluechtlinge.de/wp-content/uploads/2017/11/NUiF_Infografik_Ausbildungsduldung_Upload.pdf

[95] https://www.bundesregierung.de/breg-de/aktuelles/pressekonferenzen/regierungspressekonferenz-vom-29-september-2015-845398

[96] https://www.bundesregierung.de/breg-de/aktuelles/kuerzere-verfahren-weniger-familiennachzug-370360

[97] https://www.buzer.de/gesetz/11913/index.htm

[98] https://www.anwalt.org/asylrecht-migrationsrecht/fluechtlingsstatus/

[99] https://www.bamf.de/DE/Themen/AsylFluechtlingsschutz/AblaufAsylverfahrens/ablaufasylverfahrens-node.html

[100] http://www.lexsoft.de/cgi-bin/lexsoft/justizportal_nrw.cgi?xid=139892,19

[101] https://eur-lex.europa.eu/summary/DE/230105_1

[102] https://www.migrationsrecht.net/flughafentransitaufenthalt/egmr-amuur-vs-frankreich-urteil-vom-25-06-1996.html

[103] http://www.bamf.de/DE/Fluechtlingsschutz/AblaufAsylv/ Persoenliche Anhoerung/persoenliche-anhoerung-node.html

[104] https://www.asyl.net/themen/asylrecht/asylverfahren/anhoerung/

[105] https://www.welt.de/politik/deutschland/article187397370/Bundesregierung-Falsche-Angaben-im-Asylverfahren-nicht-strafbar.html

[106] https://www.tagesschau.de/inland/innenpolitik/auslaenderbehoerden-abschiebungen-digitalisierung-100.html

[107] https://www.spiegel.de/politik/deutschland/franco-a-rechtsextremer-bundeswehroffizier-wird-nun-doch-angeklagt-a-1297249.html

[108] https://www.tagesspiegel.de/politik/anerkannte-fluechtlinge-zum-heimaturlaub-nach-syrien/24941204.html

[109] https://www.spiegel.de/panorama/justiz/regensburg-warum-ein-gestaendiger-vergewaltiger-nicht-in-haft-muss-a-b0998ce8-ed81-4b5b-9388-964dd19235ca

[110] https://www.welt.de/politik/deutschland/article150768615/660-000-Asylantraege-von-2015-sind-noch-unbearbeitet.html

[111] https://www.bundestag.de/presse/hib/kurzmeldungen-939960.

[112] https://www.integrationsbeauftragte.de/ib-de/themen/asyl-und-fluechtlinge/freiwillige-rueckkehr-duldung-und-abschiebung-389864

[113] Der Spiegel 10/2019, 2.3.2019, Leitartikel „Abschiebung. Ein deutsches Desaster"

[114] https://www.welt.de/politik/deutschland/article170952117/Deutschland-liegt-bei-Abschiebungen-europaweit-vorn.html

[115] https://www.welt.de/politik/deutschland/article188920461/ Jeder-dritte-Abgeschobene-reist-wieder-nach-Deutschland-ein.html

[116] https://www.focus.de/politik/deutschland/begruendung-noch-unklar-bericht-afghanistan-schickt-abgeschobenen-straftaeter-nach-hessen-zurueck_id_10160910.html

[117] https://www.faz.net/aktuell/politik/ausland/eu-will-abschiebungen-beschleunigen-17241925.html

[118] https://www.tagesschau.de/inland/innenpolitik/auslaenderbehoerden-abschiebungen-digitalisierung-100.html

[119] https://www.spiegel.de/politik/deutschland/was-neu-beschlossen-wurde-ist-in-anderen-mitgliedstaaten-schon-lange-moeglich-a-37a2afb7-1296-451b-936f-1b61f9de77a4

[120] https://www.caritas.de/glossare/subsidiaerer-schutz

[121] https://www.frnrw.de/fileadmin/frnrw/media/Familiennachzug/BGBl_2018__1147.pdf

[122] https://www.tagesspiegel.de/politik/fluechtlinge-in-deutschland-die-tuer-zum-familiennachzug-ist-nur-einen-spalt-weit-offen/22866858.html

[123] https://daserste.ndr.de/panorama/aktuell/Familiennachzug,familiennachzug112.html

[124] https://www.tagesspiegel.de/politik/rekordjahr-beim-familiennachzug-zahl-der-visa-fur-angehorige-von-gefluchteten-im-ersten-halbjahr-gestiegen-10342072.html

[125] https://www.augsburger-allgemeine.de/politik/migration-fluechtlinge-holen-immer-mehr-angehoerige-nach-id67578521.html

[126] https://www.bild.de/regional/ruhrgebiet/ruhrgebiet-aktuell/bigamie-fall-in-meschede-darum-durften-afghanen-ihre-zweitfrauen-ins-sauerland-h-85277464.bild.html

[127] https://weltwoche.ch/daily/afghanistan-in-deutschland-ein-afghane-kauft-sich-seine-13-jaehrige-cousine-fuer-6-500-euro-zur-ehefrau-vor-gericht-sagt-er-ich-bin-doch-nicht-der-einzige/

[128] https://www.infomigrants.net/en/post/46276/eu-sees-asylum-applications-almost-double-in-2022-european-commission

[129] https://www.nordkurier.de/politik/zigeunerschnitzel-und-gendersternchen-claudia-pechsteins-rede-im-wortlaut-1700393

[130] https://www.spiegel.de/politik/deutschland/claudia-pechstein-rede-in-uniform-der-auftritt-war-brillant-sagt-friedrich-merz-a-71d253e2-1c24-42aa-8ee8-aa3a8567db5e

[131] https://www.tagesschau.de/ausland/corona-kinder-hungertod-101.html

[132] https://www.spiegel.de/politik/ausland/coronavirus-breitet-sich-in-afrika-langsamer-aus-a-579f0c44-a031-40d1-8d9a-c8ad25b6241e

[133] https://www.tagesschau.de/ausland/entwicklungsminister-mueller-corona-hunger-101.html

[134] https://www.spiegel.de/wirtschaft/soziales/corona-krise-2-7-milliarden-menschen-sind-laut-oxfam-ohne-absicherung-a-5e00535f-ac9a-4924-ad37-6ded5dce7bf3

[135] https://www.tagesschau.de/ausland/fluechtlingszahlen-unhcr-101.html

[136] https://www.nzz.ch/meinung/massenmigration-aus-dem-maghreb-europa-sollte-vorausschauen-ld.1605532

[137] https://de.statista.com/statistik/daten/studie/560540/umfrage/in-deutschland-lebende-tunesier/

[138] https://www.spiegel.de/politik/deutschland/asylpolitik-wie-die-bundesregierung-die-irregulaere-migration-nach-deutschland-begrenzen-will-a-2e07189a-56d3-4eb6-a2ab-d9827595e2a3

[139] https://www.zeit.de/politik/ausland/2023-09/italien-lampedusa-notstand-migration-mittelmeer

[140] https://www.sueddeutsche.de/politik/italien-migration-seenotretter-deutschland-1.6262532

[141] https://www.spiegel.de/ausland/elon-musk-verbreitet-verschwoerungsmythen-zu-deutschen-seenotrettern-das-auswaertige-amt-reagiert-a-007ade80-538c-4815-b852-4b3f32bca8d5

[142] https://www.tagesschau.de/inland/bundespolizei-schleuser-100.html

[143] https://www.zdf.de/nachrichten/wirtschaft/wohnungsmarkt-mieterbund-100.html

[144] https://www.faz.net/aktuell/wirtschaft/wohnen/wohnungsbau-bis-2025-koennten-eine-million-wohnungen-fehlen-19184144.html

[145] https://www.tagesschau.de/inland/fluechtlingsunterkunft-upahl-108.html

[146] https://www.spiegel.de/politik/deutschland/asylbewerber-sollten-gefluechtete-sofort-arbeiten-duerfen-a-a64ffae2-bf5a-43bb-82f0-83ae807d9648

[147] https://www.destatis.de/DE/Themen/Arbeit/Arbeitsmarkt/Erwerbstaetigkeit/_inhalt.html

[148] https://www.thepioneer.de/originals/others/articles/die-wahre-bilanz-der-fluechtlingskrise-von-2015

[149] https://www.bpb.de/themen/migration-integration/laenderprofile/english-version-country-profiles/262814/migration-to-germany-current-challenges-and-future-developments/

[150] https://cbss.org/publications/labour-exloitation-forced-labour-and-human-trafficking-in-germany-current-challenges-and-developments-in-german/#

[151] https://www.flossbachvonstorch-researchinstitute.com/de/studien/asylpolitik-und-migration-politischer-moralismus-gegen-oekonomisches-gesetz/

[152] https://www.spiegel.de/politik/deutschland/fluechtlinge-aus-der-ukraine-und-buergergeld-eine-heikle-debatte-a-00d0b543-c777-40aa-b962-8b4a57ed0da2#

[153] Tabelle Brutto-Netto-Löhne Friseur/in, Arbeiter/innen, gültig ab 1.1.2023 - WKO

[154] https://www.tagesschau.de/inland/merz-ukraine-fluechtlinge-deutschland-101.html

[155] https://www.faz.net/aktuell/politik/inland/mutmassliche-terrorzelle-in-nrw-durch-razzien-zerschlagen-19014149.html

[156] https://fragdenstaat.de/anfrage/kosten-der-migration-seit-2015/#nachricht-477619

[157] https://www.bundestag.de/presse/hib/kurzmeldungen-949118

[158] https://www.welt.de/wirtschaft/article248386590/Flucht-und-Migration-kosten-dieses-Jahr-fast-50-Milliarden-Euro.html

[159] https://crp-infotec.de/deutschland-bundeshaushalt-2023/

[160] https://www.thepioneer.de/originals/others/articles/die-wahre-bilanz-der-fluechtlingskrise-von-2015

[161] https://www.tagesschau.de/inland/landkreistag-arbeitspflicht-migranten-100.html

[162] https://www.tagesschau.de/inland/deutschlandtrend/deutschlandtrend-moma-102.html

[163] https://www.tagesschau.de/inland/innenpolitik/union-forderungen-migration-100.html

[164] https://www.mt.de/weltnews/nachrichten/nachrichten-aktuell/Wie-viel-Geld-ueberweisen-Asylbewerber-eigentlich-ins-Ausland-23702967.html

[165] https://www.faz.net/aktuell/politik/inland/hoeher-als-entwicklungshilfe-migranten-ueberweisen-17-7-milliarden-aus-deutschland-15668700.html

[166] https://mediendienst-integration.de/artikel/migranten-schicken-mehr-geld-in-herkunftslaender.html

[167] https://www.bild.de/bild-plus/politik/inland/politik-inland/nach-asyl-gipfel-lesen-sie-nur-hier-den-ganzen-beschluss-86007872.bild.html

[168] https://www.t-online.de/nachrichten/deutschland/innenpolitik/id_100275392/migration-grenzkontrollen-bahn-ticket-ergebnisse-des-bund-laender-gipfels.html

[169] https://www.bmvg.de/de/themen/dossiers/engagement-in-afrika/das-engagement/grundlagendokumente-zusammenarbeit-afrika/migrationsgipfel-2015

[170] https://www.focus.de/politik/deutschland/bund-laender-treffen-im-newsticker-bund-und-laender-wollen-leistungen-fuer-asylbewerber-massiv-einschraenken_id_240435768.html

[171] https://www.br.de/nachrichten/deutschland-welt/migrationsgipfel-im-kanzleramt-die-beschluesse-im-ueberblick,TuqUinp

[172] https://www.t-online.de/nachrichten/deutschland/innenpolitik/id_100279308/bamf-asylantraege-sollen-schneller-werden-handypruefung-nur-im-einzelfall.html?source=WidgetNews&size=large

[173] https://www.tagesschau.de/inland/bund-laender-treffen-128.html

[174] https://www.deutschlandfunk.de/fluechtlingsgipfel-bund-laender-kommunen-100.html

[175] https://www.bild.de/politik/inland/politik-inland/dieser-punkt-aergert-die-cdu-schwerer-fehler-beim-asyl-gipfel-86009220.bild.html

[176] https://www.br.de/nachrichten/deutschland-welt/migrationsgipfel-im-kanzleramt-die-beschluesse-im-ueberblick,TuqUinp

[177] https://www.spiegel.de/politik/deutschland/bund-laender-gipfeltreffen-im-kanzleramt-wie-erfolgversprechend-sind-die-migrationsbeschluesse-wirklich-a-04b6692d-cf38-47ed-9167-7af2e6025551

[178] https://www.rnd.de/politik/krieg-in-gaza-eu-ratspraesident-michel-erwartet-fluechtlingsstrom-nach-europa-2GKJIIAYMBLIXKNVUBPTYA3REI.html

[179] https://www.rnd.de/politik/pro-palaestina-demos-in-deutschland-nahostkonflikt-heizt-stimmung-an-JINHEP4ISJNUHLKFIGOHPLUGOY.html

[180] https://www.hessenschau.de/gesellschaft/polizei-setzt-verbot-von-pro-palaestina-demo-in-frankfurt-durch-weitere-demo-verboten-v16,demonstrationen-frankfurt-100.html

[181] https://www.spiegel.de/panorama/pro-palaestina-demos-islamistische-banner-in-essen-angekuendigter-protestmarsch-in-berlin-a-77a1a10a-f8be-4158-b3da-b7bb85e47120

[182] https://www.badische-zeitung.de/kubicki-fuer-aenderungen-bei-einbuergerungsregeln

[183] https://www.planet-wissen.de/kultur/religion/islam/pwiedierollederfrauimislam100.html

[184] https://de.wikipedia.org/wiki/Euro-Islam

[185] https://www.tagesschau.de/inland/gesellschaft/solidaritaetsdemo-israel-berlin-100.html

[186] https://vordenkerforum.de/preisträger/vordenker/prof-dr-bassam-tibi

[187] https://www.fr.de/politik/krieg-israel-protest-demonstration-judenhass-deutschland-kalifat-essen-berlin-duesseldorf-interview-zr-92655276.html

[188] https://www.wiwo.de/politik/deutschland/fluechtlinge-unternehmer-sind-die-gewinner-der-immigration/12828620-2.html

[189] https://www.handelsblatt.com/politik/international/aegypten-libyen-tunesien-nordafrikas-schuldenkrise-verschaerft-sich-europa-droht-neue-fluechtlingskrise/29284834.html

[190] https://www.spiegel.de/wirtschaft/nigeria-praesident-sorgt-mit-millionenausgaben-fuer-aerger-in-der-bevoelkerung-a-e399a01f-e356-482c-93ce-e9a2bb168c2c

[191] https://www.t-online.de/nachrichten/ausland/krisen/id_100279398/sudan-berichte-ueber-massaker-in-west-darfur-wohl-mehr-als-1300-opfer.html

[192] https://www.hessenschau.de/panorama/ausschreitungen-bei-eritrea-festival-in-giessen-ob-fordert-aufarbeitung-v19,eritrea-festival-giessen-102.html

[193] https://www.tagesspiegel.de/berlin/metallstangen-holzlatten-pfefferspray-erneut-massenschlagerei-zwischen-zwei-familien-in-kreuzberg-10445092.html

[194] 75 Jahre UNO – Macht und Ohnmacht der Vereinten Nationen, Andreas Dripke, Hang Nguyen, ISBN 978-3-947818-07-5

[195] https://www.un.org/en/development/desa/population/publications/ageing/replacement-migration.asp

[196] https://www.heise.de/tp/features/Vereinte-Nationen-bereiten-weltweite-Pakte-zu-Fluechtlingen-und-Migration-vor-3995024.html?seite=all

[197] http://www.un.org/depts/german/migration/A.CONF.231.3.pdf

[198] https://www.unhcr.org/5c658aed4.pdf

[199] https://www.iom.int/global-compact-migration

[200] https://www.bmz.de/de/themen/2030_agenda/

[201] https://www.zeit.de/politik/ausland/2018-12/marrakesch-marroko-migrations-pakt-un-gipfel-verabschiedung

[202] https://refugeesmigrants.un.org/report-secretary-general-making-migration-work-all-0

[203] https://www.deutschland.de/en/topic/politics/what-the-un-global-compact-on-migration-means-for-europe

[204] http://dipbt.bundestag.de/doc/btp/19/19026.pdf

[205] http://dipbt.bundestag.de/doc/btd/19/017/1901751.pdf

[206] https://www.zdf.de/nachrichten/heute-journal/un-fluechtlingspakt-ohne-oester-reich-100.html

[207] [220] https://www.bundestag.de/blob/557692/8d3c42d79eba902c 13660271ba0a32f4/wd-2-052-18-pdf-data.pdf

[208] https://www.welt.de/regionales/hamburg/article227997531/SPD-will-Vorrang-fuer-Migranten-in-Landesverwaltung.html

[209] https://www.deutschlandfunk.de/globaler-migrationspakt-un-generalsekretaer-einwanderer.1773.de.html

[210] https://www.tagesschau.de/ausland/un-migrationspakt-127.html

[211] https://www.bild.de/politik/ausland/politik-ausland/bild-beim-merkwuerdig-gipfel-uno-peitscht-migrationspakt-durch-58936678.bild.html

[212] https://www.unhcr.org/gcr/GCR_English.pdf

[213] http://www.spiegel.de/politik/ausland/uno-fluechtlingspakt-angenommen-usa-und-ungarn-stimmen-dagegen-a-1244231.html

[214] https://www.uno-fluechtlingshilfe.de/informieren/fluechtlingszahlen

[215] https://www.welt.de/politik/ausland/article185319462/Konferenz-in-Marrakesch-Der-Migrationspakt-ist-beschlossen-Doch-diese-Laender-sind-dagegen.html

[216] https://mediendienst-integration.de/migration/flucht-asyl/syrische-fluecht-linge.html

[217] http://www.europarl.europa.eu/news/de/headlines/priorities/ sy-rien/20130719STO17431

[218] https://www.tagesspiegel.de/politik/krieg-in-syrien-die-ohnmacht-der-vereinten-nationen/21045084.html

[219] 75 Jahre UNO – Macht und Ohnmacht der Vereinten Nationen, Andreas Dripke, Hang Nguyen, ISBN 978-3-947818-07-5

[220] Rechtsruck: Wer ist das Volk, Anonyme Autoren, ISBN 978-3947818068

[221] https://www.gala.de/lifestyle/galaxy/sie-wollte-nach-porto-----saechsin-bucht-flug-nach--bordo--und-bekommt-ticket-nach-bordeaux-20944230.html

[222] https://www.bundespraesident.de/SharedDocs/Reden/DE/Frank-Walter-Stein-meier/Reden/2018/11/181109-Gedenkstunde-Bundestag.html

[223] http://www.faz.net/aktuell/politik/ausland/gedenken-an-ersten-weltkrieg-macron-will-zeichen-gegen-nationalismus-setzen-15885048.html

[224] https://www.schwaebische.de/landkreis/landkreis-sigmaringen/bad-saulgau_arti-kel,-wolfgang-bosbach-sieht-die-vaterlandsliebe-positiv-_arid,11029380.html

[225] https://gutezitate.com/zitat/123586

[226] https://de.wiktionary.org/wiki/Neusprech

[227] https://www.evidero.de/der-einfluss-von-sprache-auf-denken

[228] https://www.faz.net/aktuell/stil/trends-nischen/von-ally-bis-trigger-ein-wokeness-glossar-fuer-soziale-medien-17530549.html

[229] https://www.20min.ch/story/eu-kippt-weihnachten-und-maria-und-josef-aus-dem-vokabular-317153377640

[230] https://www.bild.de/politik/inland/politik-inland/berliner-polizei-schafft-klartext-ab-suedlaendisch-heisst-jetzt-westasiatisch-82401988.bild.html

[231] https://www.bild.de/regional/berlin/berlin-aktuell/wegen-datenschutz-migrations-hintergrund-in-polizeidatenbank-abgeschafft-81396294.bild.html

[232] https://www.tagesspiegel.de/berlin/nach-verhinderter-restaurant-durchsuchung-fdp-beantragt-abwahl-von-neukollner-ordnungsstadtratin-sarah-nagel-9031156.html

[233] https://www.presseportal.de/pm/66749/5388363

[234] https://www.welt.de/politik/deutschland/article242667937/Clan-Kriminalitaet-Grossrazzia-Grosse-Fische-sind-uns-ins-Netz-gegangen.html

[235] https://www.rnd.de/panorama/clan-kriminalitaet-in-deutschland-die-bekanntes-ten-clans-im-ueberblick-O4CBMJWCKJAZPJAKBGDPAZ5SUA.html

[236] https://www.focus.de/politik/deutschland/friedensschluss-nach-krawallen-scha-ria-statt-gesetze-clans-zeigen-dem-deutschen-rechtsstaat-den-mittelfin-ger_id_197995497.html

[237] https://www.welt.de/politik/deutschland/plus248352746/Arafat-Abou-Chaker-Die-gefaehrliche-Naehe-zwischen-Clans-und-Salafisten.html

[238] https://www.verfassungsschutz.bayern.de/islamismus/definition/erscheinungs-formen/salafismus/index.html

[239] https://www.bild.de/politik/inland/politik-inland/experten-warnen-vor-sprachpoli-zei-woke-wahn-gefaehrdet-deutschlands-sicherheit-82412080.bild.html

[240] https://www.focus.de/politik/meinung/die-focus-kolumne-von-jan-fleischhauer-als-deutsch-tuerkin-die-wahrheit-ueber-integration-spricht-wird-es-in-islamkonfe-renz-still_id_200898814.html

[241] https://www.rbb24.de/panorama/beitrag/2023/01/berlin-silvester-2022-2023-krawalle-gewalt-polizei-feuerwehr-strafen-verfahren.html

[242] https://www.faz.net/aktuell/politik/inland/silvester-krawalle-in-berlin-verdaech-tige-sind-vor-allem-auslaender-18579139.html

[243] https://www.focus.de/panorama/schlagzeilen/silvester-in-berlin-nur-38-festnah-men-nach-boeller-attacken-mehrheit-ist-deutsch_id_182562826.html

[244] https://www.focus.de/panorama/nacht-der-silvester-randale-heilbronn-sperrt-ersten-silvester-randalierer-in-den-knast_id_182475452.html

[245] https://www.morgenpost.de/vermischtes/article232074417/Corona-Pandemie-Rassismus-Asiaten-TikTok-Son.html

[246] https://www.faz.net/aktuell/gesellschaft/kriminalitaet/messerattacke-im-zug-ver-daechtiger-war-stunden-vor-tat-unauffaellig-18631343.html

[247] https://www.bild.de/politik/inland/politik-inland/dient-erhalt-der-demokratie-ndr-will-nicht-ueber-taeter-herkunft-sprechen-82686162.bild.html

[248] https://www.deutschlandfunk.de/forscher-oeffentlich-rechtliche-beim-thema-migration-nicht-einseitig-100.html

[249] https://www.deutsche-apotheker-zeitung.de/news/artikel/2020/08/14/zwischen-tradition-und-rassismus

[250] https://www.coburg.de/coburg-erleben/stadt-und-stadtgeschichte/beruehmte-coburger/inhaltsseiten/heiliger-mauritius.php

[251] https://www.dw.com/de/rassismus-in-deutschland-streit-um-stadtwappen-von-coburg/a-54252491

[252] https://www.welt.de/kultur/article233784952/Rassismus-Vorwuerfe-Dresdner-Kunstsammlungen-aendern-Werktitel.html

[253] https://www.rnd.de/panorama/wie-mohrenkopf-chef-andrew-onuegbu-zur-afd-und-rassismus-steht-PKZRJP5AVNBCZEVL7LI5B54E2U.html

[254] https://www.deutschlandfunk.de/debatte-um-bismarck-alles-andere-als-ein-demokrat-100.html

[255] https://www.spiegel.de/kultur/deutschland-und-seine-kolonialverbrechen-muss-bismarck-stuerzen-a-00000000-0002-0001-0000-000171667111

[256] https://www.welt.de/regionales/hamburg/article209953451/Historiker-ueber-Bismarck-Politisches-Kalkuel-statt-Rassismus.html

[257] https://www.bz-berlin.de/meinung/kolumne/kolumne-mein-aerger/bundesregierung-loescht-den-namen-von-otto-von-bismarck

[258] https://www.wahlrecht.de/umfragen/

[259] https://de.statista.com/statistik/daten/studie/28353/umfrage/wichtigste-von-der-politik-zu-loesende-probleme-in-deutschland/

[260] Studie der Volkswirte des Verbands Forschender Arzneimittelhersteller (vfa) aus dem Jahr 2023

[261] https://zeitung.faz.net/faz/wirtschaft/2023-05-31/b12b4075954713e7317bb21c5d118300/

[262] https://www.welt.de/debatte/kommentare/plus246510676/Boris-Palmer-Von-Autokrise-bis-Freibadrandale-Deutschland-hat-den-Zenit-ueberschritten.html

[263] https://www.faz.net/aktuell/politik/inland/steinmeier-spricht-sich-fuer-begrenzung-der-illegalen-migration-aus-19216489.html

[264] https://www.zeit.de/news/2023-10/19/steinmeier-mahnt-verstaendigung-bei-migrationspolitik-an

[265] https://www.zdf.de/nachrichten/politik/steinmeier-fluechtlinge-begrenzung-100.html

[266] https://www.gesetze-im-internet.de/gg/art_79.html

[267] https://www.bild.de/bild-plus/politik/inland/politik-inland/cdu-warnt-vor-erdogan-plan-islamisten-gruenden-eigene-partei-86281106.bild.html